In Nomine Patris et Filii et Spiritus Sancti, amen. Suscipe, Sancte Pater.

Przedsłowie

We wszystkim, co w tej książce powiem i piszę, poddaję się temu, co uznaje nasza matka, święty nasz Kościół rzymski, a jeśli jakaś rzecz okaże się z tym sprzeczna, będzie to bez mojej wiedzy. I dlatego uczonych teologów, lub prostych katolików, którzy mają tą książkę przejrzeć; proszę – w imię miłości naszego Pana – aby bardzo skrupulatnie przejrzeli ją i poprawili, jeśli jakiś błąd w jej się pojawi, i wiele innych błędów, które będą zawarte w innych rzeczach. A jeśli zaś znajdzie się w tej książce coś dobrego, niech będzie to na chwałę i cześć Boga oraz na służbę Jego Najświętszej Matki, Patronki i Pani naszej.[1]

Matthew R. Plese
meaningofcatholic.com/contact

Wysiłek i prace przy tym tłumaczeniu oddaje całkiem Panu Bogu i Najświętszej Bogurodzicy. Aby zawarta tutaj wiedza przysłużyła się jak najbardziej na większą cześć i chwałę Pana Naszego Jezusa Chrystusa i Kościoła świętego.

Mateusz Plewa

[1] Przedsłowie wzięte z książki św. Teresy od Kościoła, *Droga Doskonałości,* przetł. Dariusz Wandzioch, Wojciech Ciak, M. Plewa. http://floscarmeli.pl/zalaczniki/5988218_Dd_podreczne.pdf

Wszechstronny przewodnik katolickiego postu i wstrzemięźliwości

Opracowanie: Matthew Plese

Przekład: Mateusz Plewa

Wszechstronny przewodnik katolickiego postu i wstrzemięźliwości

Matthew R. Plese

ISBN 979-8-9877607-1-0

Our Lady of Victory Press is an imprint of The Meaning of Catholic, a lay apostolate dedicated to uniting Catholics against the enemies of Holy Church.

MeaningofCatholic.com

Design and layout by W. Flanders.

Our Lady of Victory, pray for us!

Medical disclaimer: any suggestions taken based on this book should be cleared by medical personnel, if necessary and appropriate.

Spis Treści

Przedmowa

Przed wami przewodnik do historii postu i wstrzemięźliwości w Kościele Katolickim. Jest on wielkim dziełem, dziełem miłości do Kościoła i do katolików. Zaszczyt jest dla mnie pisać przedmowę tak ważnej książki o poście, który to sam jest aktem miłości do Boga i zwyciężeniem woli duszy nad ciałem. Wielu teologów, księży, biskupów i nawet papieży, szczególnie w ostatnim wieku zmniejszyli surowość postów, lub nawet całkowicie znieśli prawa nakazujące te posty. Relacje indywidualnego katolika wobec postu zaczynają się podobnie do człowieczego koleżeństwa i jeżeli prawdziwie zachowywano, szybko zmieniają się w miłość. We wczesnych latach chrześcijaństwa często zachowywano post surowy, szczególnie podczas Wielkiego Postu i przed Eucharystią. Zasady i tradycje powoli się zmieniały i już w XVIII w. widzimy, że post niestety wyglądał totalnie inaczej od postu wczesnych chrześcijan. Czasami te unieważnienia i zmiany do zwyczajów postnych były na samą korzyść duchowną chrześcijan, jednak najczęściej te zmiany wprowadzano, aby ułatwiać posty wiernym, którzy słabli w wierze lub w zachowywaniu postów Kościoła. Na bieżący rok liturgiczny, Kościół nakazuje wiernym jedynie 2 dni postu; reszta, to nasza decyzja.

Widząc stan Kościoła i świata, w którym żyjemy, nie byłoby to rozsądne zachowywać post tylko w dni nam nakazane. Jeżeli jesteśmy prawdziwymi, wierzącymi katolikami, musimy się starać, aby kochać Kościół i oczywiście samego Jezusa Chrystusa. Wiedząc, że Kościół pragnie zbawić nasze dusze, i wiedząc, że post jest najlepszą pokutą na nasze grzechy, winniśmy starać się co raz częściej pościć i pokutować. Nie dopuszczalne jest to, abyśmy dawali od siebie jedyne minimum, jeżeli chodzi o sprawy duchowne; jednocześnie, nie możemy dopuszczać naszych rówieśników do apatii duchownej. W jaki sposób możemy zadbać o większą pokutę? Oczywiście zacząć można przez post. Reguły starych, tradycyjnych postów na pewno nie można nazwać łatwymi, jednak w jakiś sposób musimy dążyć do naśladowania cierpienia Jezusowego.

Aby pościć w sposób należyty samemu Bogu, trzeba znać reguły i zasady postu, o których dawno zapomniano. Pracowaliśmy nad tym, aby udostępnić te stare tradycje i zasady każdemu, kto szuka głębszej pokory i surowej pokuty, kiedy w Kościele jest tego brak. Ta książka to historia postu, i przez tą historię mamy nadzieje, że każdy Katolik wróci ponownie do tych tradycji, jednocześnie przybliżając siebie do Boga i do tradycji apostolskiej.

Jednak nauka o historii i zasadach postu to tylko pierwszy krok do zdobycia wszelkich jego łask. Do swoich postów, musimy włączyć też modlitwy, modląc się o znalezienie miłości do szczerego, surowego postu. Brzmi to niepokojąco; jednak winniśmy błagać samego Boga o możliwość cierpienia i bólu w naszym życiu, aby mogliśmy mu udowodnić naszą wytrwałość. Zachęcamy czytelników, aby akceptując surowsze zasady postu w swoim codziennym życiu pamiętali o ostatecznym celu tych postów; miłość do Boga, a nie do samych siebie. Przed nami stoi trudna, ciężka walka ze samym sobą, jednak zwyciężając tą walkę dołączymy do samego Kościoła walczącego. Za przykład powinniśmy spojrzeć na posty papieża Leona I Wielkiego lub Jana Chryzostoma. Szukajmy, podobnie do tych wielkich świętych, miłości do postu. W tradycji odnajdziemy pełność postu, w tradycji odnajdziemy pełność wiary; w tradycji odnajdziemy miłość Boga do swego ludu.

Tyler Gonzalez

Historia postu i wstrzemięźliwości w kościele katolickim

Post w czasie pisma świętego

In principio, na początku, pierwsze przykazanie Boże skierowane do Adama i Ewy dotyczyło postu; Pan Bóg rozkazał Adamowi, mówiąc „Z każdego rajskiego jedz; ale z drzewa wiadomości dobrego i złego *nie jedz*, bo którego dnia będziesz jadł z niego, śmiercią umrzesz" (ks. Rodz 2, 16-17). Za niechęć zachowywania nałożonego postu, Pan Bóg ukarał Adama i Ewę i wszystkie pokolenia mówiąc „Iżeś usłuchał głosu i jadłeś z drzewa, z któregom ci był kazał, abyś nie jadł, przeklęta będzie ziemia w dziele twoim... w pocie oblicza twego będziesz pożywał chleba" (ks. Rodz. 3, 17-19). Grzechy pychy, nieposłuszeństwa i nieumiarkowania w jedzeniu były pierwszymi grzechami człowieka i to one były skutkiem przerwania nakazanego przez Boga postu.

W Starym Testamencie bywało wiele przykładów, kiedy ludzie pościli w podobny sposób. Pamiętajmy: Eliasz i Mojżesz obydwoje pościli aż 40 dni, zanim Bóg się im objawił. Nawet do samego zawarcia nowego przymierza z Noe'm, ludzie powstrzymywali się całkowicie od pokarmów mięsnych (ks. Rodz. 9, 2-3). Podobnie i w Nowym Testamencie, największy z narodzonych niewiast prorok (Łuk 7:28) Jan Chrzciciel często pościł, i to właśnie z postem kojarzono jego wyznawców. Św Mateusz przypomina nam, że Jezus Chrystus sam pościł w pustyni aż 40 dni, nie dla swojego zdrowia, tylko żeby właśnie nam pokazać w jaki sposób odrzucać pokusy tego świata (Mat, 4:1-11). Jezus powiedział „lecz jeśli pokutować nie będziecie, wszyscy podobnie zginiecie" (Łuk, 13:3).

Cel postu

Kościół Katolicki od początku swojej długiej historii nieustannie potwierdzał i mocno promował wartość postu. Zawsze zwracać się można do św. Tomasza z Akwinu, tzw. „Doktora Anielskiego":

Czynami cnotliwymi są czyny dokonane według wskazań rozumu dla osiągnięcia jakiegoś dobra czesnego. Tak właśnie jest z postem, który ma potrójny cel główny: l. Aby ująć w karby żądze ciała... 2. Aby ułatwić kontemplację rzeczywistości wyższego rzędu; według Daniela, otrzymał on objawienie od Boga po trzytygodniowym poście. 3. By zadośćuczynić za grzechy; mówi o tym Joel: „Nawróćcie się do mnie ze wszystkiego serca waszego w poście i w płaczu i w żalu". Tak wyraził się Augustyn, mówiąc o poście: „Post oczyszcza ducha, podnosi umysł, poddaje ciało duszy, daje sercu skruchę i pokorę, rozwiewa mgły żądz, gasi żar żądz, zapala zaś światło czystości.[2]

Św. Bazyli Wielki podobnie podkreślił potrzebę postów, które przygotowują nas do walki przeciwko zasadzką złych duchów. Św. Bazyli potwierdził, że Aniołowie Stróży czuwają nad nami częściej, kiedy przez posty oczyściliśmy się z grzechów.

Katechizm Kościoła Katolickiego wydany w Stanach Zjednoczonych w 1885 r., tzw. *Baltimore Catechism,* pisze na temat postu: „Kościół nakazuje posty konsumpcyjne, a w niektóre dni (np. piątki poza Wielkim Postem) specjalnie od pokarmów mięsnych i nabiałów; abyśmy mogli kontrolować różne żądze ciała i otrzymać zadośćuczynienie za nasze grzechy" (Baltimore Catechism #2 Q. 395). Ks. Tomasz Kinkead pisze, żebyśmy „Pamiętali o naszych ciałach, które najczęściej prowadzą nas w grzech. Jeżeli nasze ciało przejdzie przez mękę i cierpienie podczas postów, zadośćuczynimy za grzechy, a Bóg skróci nam czas oczyszczenia w czyśćcu".

Papież św. Leo Wielki w 461 r. mądrze powiedział, że to właśnie post ma pomóc nam dążyć do świętości. Ci, którzy nie są wstanie spełnić ścisłych postów, mają obowiązek, aby „zamiast tego, czego nie mogli dać przez post, dali biednym w jałmużnie". Całkiem pomijać post, nawet gdy walczymy z problemami dietetycznymi lub zdrowotnymi, w żadnym wypadku nie usprawiedliwia nas od większego Bożego przykazania; aby nieustannie czynić pokutę (Łuk, 13:3).

Chęć do postu

Bo człowiek im jest postniejszy, tem Bogu służyć sprawniejszy

---

[2] *Suma Teologiczna*, II-II, Zagadnienie 147: POST, Artykuł I. Czy Post jest aktem cnoty? http://www.katedra.uksw.edu.pl/suma/suma_indeks.htm

Jakie są narzędzia dobrych uczynków i co mówi na temat postu Św. Benedykt? Czytajmy;

O mój Boże, poddaje się cały w Twoje ręce. Przysięgam czynić Twoją wolę we wszystkich rzeczach ziemskich. Kochać Boga z całym sercem, z całą duszą, z całym swym wysiłkiem. Nie zabijać, nie kraść...Aby umartwiać ciało. Nie szukać przyjemności. Kochać post[3].

Jak to można uczynić? Jak można ukochać coś tak trudne, tak poniżające? Ks. Adalbert de Vogue, OSB, tłumaczy: „Chęć do postu zaczyna się od pierwszego poziomu; to znaczy, trzeba przez to (post) samemu przejść. Jednak zanim naprawdę doświadczymy post i jego owoce, musimy się najpierw w nim zakochać! I jak wyjść z tego nieskończonego cyklu? Przez zaufanie do słowa Bożego, modlitwa i proszenie o łaski Świętych, i oczywiście przez zachowywanie tradycyjnych postów kościelnych".

Nasz cel, przede wszystkim, to jest zwiększanie chęci do postu. „W triadzie dobrych uczynków obok modlitwy i jałmużny znajduję się post"[4]. Nie osobno od, ale *obok*. Nie ma sensu pościć z gniewem ani z rozpaczą. Wezwanie do królestwa jest zaproszeniem a nie zniewoleniem. Uczniowie poszczą dobrowolnie, według własnego przekonania...[5]. Poszcząc winniśmy unosić Boga na pierwsze miejsce tej pięknej pokuty. Bezpośrednio lekceważąc ten najważniejszy cel postu, negujemy___jego duchowe znaczenie.

Jaki jest cel uczenia się o poście, wstrzemięźliwości?

Jedną z najbardziej skuteczniejszych sposobów zadośćuczynienia to właśnie post, o który nas często prosiła

---

[3] Nie znaleziono tłumaczenie tej reguły. *Reguła Św. Benedykta*, przekł. M. Plewy
[4] Ks. Jan Kracik, *POST PO STAROPOLSKU,* http://naszaprzeszlosc.pl/files/tom075_03.pdf
[5] Ibid.

Matka Boska Fatimska. Widząc zaskakująco małą ilość nakazanych dni postnych w roku liturgicznym, powinniśmy gorliwiej dążyć do utrzymania tradycyjnie chrześcijańskich postów, a tym bardziej inspirować rówieśników i innych katolików do tego samego.

Dajmy sobie zrozumieć, że post to jest dyscyplina, a nie dogmat naszej wiary katolickiej. Znaczy to, że te dyscypliny ulegały zmian; największe które się pojawiły właśnie w ostatnim wieku. Pomimo tego, nie możemy całkiem zapomnieć o tych postach. W bieżącym roku liturgicznym, jak i przez wielu ostatnich, Kościół oficjalnie nakazuje post zaledwie na 2 dni; środę Popielcową i Wielki Piątek. Jest to ogromna różnica, szczególnie w porównaniu do czasów wczesno-średniowiecznych. Niebo ciągle błaga nas, Kościoła walczącego, o właściwą pokute za nasze grzechy. Czy w tych dwóch dniach damy rade zmieścić należyte pokutowanie za wszystkie nasze całoroczne grzechy?

Nawet, jeżeli cel postu wciąż jest ten sam, dyscypliny się zmieniły. Co raz więcej ludzi wraca do tradycyjnie chrześcijańskich postów. Ciągle dodawane wyjątki często się stają powodem dezorientacji wpośród wiernych. Jeżeli my sami bywamy w tej dezorientacji, możemy spojrzeć na ogólną regułę św. Franciszek z Salezu który powiedział, że „jeżeli jesteś w stanie pościć, otrzymasz dalsze zadośćuczynienie, jeżeli pościć będziesz poza te dni (i sposoby) wymagane przez Kościół".

W tym i poniżej umieszczonymi artykułami, wytłumaczymy sposoby postu, przypomnimy tradycje, opowiemy ich historię i skąd one powstały. Ten zbiór artykułów będzie najbardziej wszechogarniający jaki do tej pory został umieszczony na Internecie. Poza tym, że wzmacniamy wiedzę, wkroczymy także duchowo w te niedawno zgubione dyscypliny pokuty, postu i jałmużny, które bez wątpienia pomogą nam w dalszym rozwoju duchownym, przybliżając nas do samego Jezusa Chrystusa i jego Najświętszej Matki Dziewicy.

Krótkie wytłumaczenia

Zanim rozpoczniemy opowieść historii postu, najpierw zaprzyjaźnimy czytelnika zez słowami i pojęciami, które nie wszyscy kojarzą. **Post** – wstrzymanie się całkowite lub częściowe od jedzenia, *zwłaszcza potraw mięsnych.*

Widzimy od razu; znaczenie słowa *post* automatycznie kojarzy się z wstrzymaniem od mięsa. Kościół tradycyjnie wyróżniał następujące rodzaje postów: *post ilościowy, post jakościowy, post ścisły i post Eucharystyczny.* Według zmian kodeksu 1983 r. nie podzielano na jakościowe i ilościowe; te zmiany ze względu na przynależność do tradycji, na razie ignorujemy.

Post jakościowy (łac. abstinentia), in. *abstynencja, wstrzemięźliwość*: Polega na wstrzymaniu się od mięsa i rosołu. Nie zabrania pożywaniu jaj, nabiału i przypraw. W tych artykułach często będą używane dwa słowa; abstynencja i wstrzemięźliwość, które oczywiście w kontekście postu, znaczą wstrzymanie się od mięsa, a w niektórych przypadkach, nawet od wywaru mięsa.

Post ilościowy: Polega na jednorazowym posiłku do sytości w ciągu dnia. Nie zabrania wszelako rannego i wieczornego posiłku, chociaż tradycyjnie, nie dozwalano na te dodatkowe posiłki. Nie jest wzbronione pożywanie potraw mięsnych ani branie tego posiłku wieczorem lub w południe[6].

Post ścisły: Polega na jednorazowym dziennie posiłku do sytości oraz na wstrzymywaniu się od potraw mięsnych. Post

---

[6] *POSTY OBOWIĄZUJĄCE KATOLIKA* https://web.archive.org/web/20190428232122/http://katechizm-net.blogspot.com/2006/07/posty-obowizujce-katolika.html

ścisły czasami może kojarzyć się z jedzeniem wyłącznie chleba, a w niektórych przypadkach, tylko z piciem wody.

O poście Eucharystycznym dodany będzie osobny artykuł, gdzie wytłumaczymy ogromne różnicy w prawie kanonicznym z 1917 r., w porównaniu do prawa z 1983 r.

Post w okresie czasów apostolskich aż do V wieku AD

A uczniowie Janowi i faryzeusze pościli, i przychodzą, i mówią mu: Czemuż uczniowie Jana i faryzeuszów poszczą, a twoi uczniowie nie poszczą? Rzekł im Jezus: Czyż mogą goście weselni pościć, dopóki z nimi jest oblubieniec? Jak długo mają między sobą oblubieńca, nie mogą pościć. Ale przyjdą dni, gdy będzie wzięty od nich oblubieniec, a wtedy będą pościć w owe dni (Mk, 2: 18-20).

Część Kościoła, nawet za wczasów apostołów, zawsze stanowił post, który został wprowadzony wkrótce po Wniebowstąpieniu naszego Pana. W tych wczesnych latach, posty dzieliły się na dwie osobne od siebie kategorie: posty tygodniowe i Wielki Post.

Tygodniowe posty, tzw. „nabożne"

Za wczasach apostołów, post zachowywano w każdą środę i piątek przez cały rok. Niektórzy szczególnie pobożni rzymsko i wschodni katolicy nadal zachowują te reguły.

W *Nauce Dwunastu Apostołów,* po grecku „Didache" (Διδαχή), jest umieszczona wskazówka dla wczesnych chrześcijan: „Posty zaś wasze niech nie będą jednocześnie z postami obłudników: poszczą bowiem oni **drugiego** i **piątego** dnia po sabacie; wy zaś pośćcie **czwartego** i **szóstego**..." Dalszą historyczną ciekawostkę podaję nam tłumacz tego tekstu, Józef Jankowski:

Żydzi pościli w ***poniedziałki*** *i* ***czwartki****: tradycja podała, że Mojżesz wstąpił na Synai we czwartek i zstąpił stamtąd w poniedziałek. Chrześcijanie pościli we* ***środy*** *(dzień, w którym Judasz przyrzekł zdradzić swego Mistrza) i w* ***piątki*** *(dzień przygotowania do szabatu) na pamiątkę śmierci Jezusa*[7].

Dalsze dowody na to, że ten dzień był właśnie piątek znajdujemy m.in. w: Ewangelii Mateusza 27:62, Ewangelii Marka 15:42, Ewangelii Łukasza 23:54, i Ewangelii Jana 19:14,31,42. Można bez wątpienia powiedzieć, że to szczególnie w piątki (przez cały rok, nie tylko w Wielki Post) pościli wcześni chrześcijanie.

Piotr I Aleksandryjski, patriarcha Aleksandrii do 311 r. AD, tłumaczył, że pościmy akurat w te dni, ponieważ „w środę, Żydzi zgromadzili się by wydać Jezusa, a w piątek Jezus Chrystus umarł za nasze grzechy". W katechizmie Kościoła napisanym w 1875 r. przez ks. Michała Muller'a, pisze, że „równocześnie z chrześcijaństwem powstała dyscyplina postu dwudniowego. Jak nam mówi św. Epifaniusz, 'moc prawa apostolskiego nakazuje nam, aby pościć przez dwa dni w tygodniu'"[8].

W niektórych miejscach poszczono też w soboty, jak nam potwierdził św. Franciszek Salezy, mówiąc: „Wcześni chrześcijanie wybrali środę, piątek i sobotę jako dni wstrzemięźliwości od mięsa"[9].

Do V w., cały kościół za papieża Innocentego I brał udział w poście sobotnim. Sam papież powiedział, że „winniśmy uczcić (przez post) sobotę jako dzień pomiędzy wielkim smutkiem (Wielkim Piątkiem), a ogromną radością (Niedzielą

---

[7] *Didache*; przekł. Józef Jankowski, http://www.sbc.org.pl/Content/94776/i736709.pdf

[8] https://archive.org/details/familiarexplana00mlgoog Przekł. M. Plewy

[9] Filotea. *Wprowadzenie do życia pobożnego*, 3, Rozdz. 23. Św. Franciszek Salezy, przekł. Mateusz Plewy

Wielkanocną)"[10]. Katechizm tzw. *Douay,* napisany w 1649 r., uzasadnia sobotnią wstrzemięźliwość od mięsa: „Abyśmy w ten sposób przygotowali się do godnego utrzymania niedzieli. Robimy to też dla Najświętszej Maryi Dziewicy, która jako jedyna nie straciła swojej wiary czekając na zmartwychwstanie jej ukochanego Syna"[11].

Apostolskie początki wielkiego postu

Dom Guéranger pisze, że Wielki Post zapoczątkowali sami apostołowie w pierwszych wiekach chrześcijaństwa:

40 dni postu, zwane „Wielkim", pokazuje gotowość Kościoła do przyjęcia Zmartchwywstałego Jezusa i od samego początku istnieje w życiu chrześcijańskim. Sam nasz Jezus Chrystus zapoczątkował go, kiedy pościł 40 nocy i 40 dni w pustyni. Jezus nie nakazał ludziom postu jako przykazanie (co by nie umożliwiło dyspensy,) lecz pokazał swoim zasługą jak my go mamy naśladować. Pokazał nam, że posty które Bóg tak często nakazywał w starym przymierzu, mają nadal prowadzić ludzi do świętości także i w nowym. Aby bronić nas przed wszelkimi słabościami i lękami, Apostołowie wpisali w prawo Wielki Post jako post obowiązkowy dla wszystkich chrześcijan.

Katechizm Liturgii, wydany anonimowo przez osobę pracującą dla Najświętszego Serca Pana Jezusa, potwierdza, że: „początki Wielkiego Postu sięgają do czasów apostolskich, jak potwierdzają św. Jerzy, św. Leo Wielki, i św. Cyryl Aleksandrii, i wielu innych świętych. W II wieku, św. Ireneusz napisał list do papieża Wiktora, pytając się go jak uczcić Wielkanoc; w tym liście znajdujemy wspomnienia o poście który prowadzi do Wielkanocy.

---

[10] *Epistola 25 ad Decentium 4; Patrologia Latina 20:555*, Przekł. M. Plewy

[11] *Douay* Katechizm Pyt. #554 "*Dlaczego nie jeść mięsa w sobotę?*" Przekł. M. Plewy Link do angielskiej wersji poniżej: https://archive.org/details/The1649DouayCatechismTubervilleHenryD.D.4515/page/n55/mode/2up

Na początku, jedynie katechumeni (dorosła osoba przygotowująca się do chrztu) mieli obowiązek ścisłego postu przez całe 40 dni. Ochrzczeni dołączali dopiero podczas Wielkiego Tygodnia. Niektóre kościoły pościły tylko jeden dzień, inne cały tydzień, a jeszcze inne aż 40 godzin do samej niedzieli; tyle, ile Jezus leżał w grobie. Już w III i IV wieku całość Wielkiego Postu (40 dni od Popielca) została ustanowiona słowami św. Atanazego w 339 r. AD. „cały świat pości 40 dni”[12].

W krótkim czasie po ogólnym nawróceniu Cesarstwa Rzymskiego odbył się pierwszy sobór Nicejski. Podczas jego, biskupi wybrali i ustalili oficjalnie termin Wielkanoc, która od tego czasu miała przypadać w pierwszą niedzielę po pierwszej wiosennej pełni księżyca. Spisany kanon podczas tego samego soboru też wspomina o 40 dniowym Wielkim Poście.

Wielki Post nie był postem osobistego oddania, lecz jednak post ten, jeżeli go nie zachowywano, groził grzechem śmiertelnym. Ks. Stephen'a Keenan'a *Katechizm* z roku 1846 cytuje św. Augustyna (354-430 r. AD), mówiącego, że „podczas okresu zwykłego post to nasz osobisty wybór, niemniej jednak grzeszymy, gdy nie pościmy podczas Wielkiego Postu.

Jeden jedyny posiłek po zachodzie słońca

Wcześni chrześcijanie pościli do zachodu słońca, jak wskazywała starsza tradycja żydowska. Dom Guéranger pisze, że „Była to tradycja żydów, w starym przymierzu, aby podczas postu jeden jedyny posiłek rozpocząć dopiero po zachodzie słońca. Kościół chrześcijański przybrał tą samą tradycję. Te zasady utrzymywano skrupulatnie przez wiernych kościoła,

---

[12] Weiser's "*Christian Feasts and Customs*" (Chrześcijańskie święta i tradycje) można zobaczyć poniżej. https://archive.org/details/WeiserChristianFeastsandCustoms/page/n187/mode/2up

nawet w zachodnich krajach, aż do IX w., kiedy Kościół zdecydował minimalnie zmniejszyć ilość i ścisły charakter postów".

We wczesnych tradycjach Kościoła, podczas postu zakazywano także wino. Zakaz ten wspominał czasy Starego Testamentu, kiedy Bóg dopiero Noemu pozwolił pić wino i jeść pokarmy mięsne. W podobnym stylu, apostołowie jedli jeden, mały posiłek, w którym tylko jedzono chleb i warzywa. Dopiero w VII w. Kościół pozwolił wiernym spożywać tzw., *owoce morza*, z wyjątkiem skorupiaków (kraby, homary, raki, krewetki). Do dziś, wschodni Katolicy (którzy są w pełnej komunii z Rzymem) nadal utrzymują te piękne tradycje przez odmawianie sobie pokarmów mięsnych i wywaru mięsnego np. masła lub mleka, wina, oleju oliwkowego, i ryb w dni postu.

We wczesnych czasach chrześcijaństwa nawet pościło się od samej wody, która jest podstawą życia. Ks. Alban Butler pisze o takich przypadkach: „św. Fruktoz, biskup Taragoni (Hiszpania), którego skazano na śmierć w 259 r., na drodze do śmierci odmówił wszelkiego picia, ponieważ jeszcze nie nastąpił czas przerwania postu, gdy skazano go na 10 godzinę z rana. Mówił 'to jest mój post...nie napiję się niczego, ponieważ dopiero dziewiąta godzina. Sama śmierć mnie nie przekona do złamania tego postu'".

Post adwentowy

W IV w. dopiero kilka set lat po ustanowieniu Wielkiego Postu, Kościół zaczął też propagować post *Adwentowy*. Katechizm Liturgii opisuje ten właśnie post: „św. Grzegorz z Tours pisał, że św. Perpet z Tours zarządził w 480 r., aby wierni pościli minimum 3 razy w tygodniu od św. Marcina z Tours (11-ego listopada) aż do samego Bożego Narodzenia. Nazywano to *post św. Marcina*, a 11 listopada zwano „adwentowy Mardi Gras", inaczej ostatni dzień przed 40 dniowym Adwentem. W tekstach starożytnych, na Adwent mówiono *Quadragesimal Sancti Martini* (40 dniowy post św. Marcina).

Katechizm Liturgii także pisze, że post św. Marcina był obchodzony przez wiernych do XII w. W zachodnich kościołach, te tradycje obchodzone były aż do XIX w.

Post apostolski

Okres postów poprzedzający uroczysty dzień świętych Piotra i Pawła także zapoczątkowano we wczesnym Kościele pod papieżem Leonem Wielkim w 461 r.[13]. W czasach św. Hieronima, ten okres zwano *letnim postem,* lecz nie było do niego żadnego obowiązku kanonicznego. W rzymskim Kościele od dawnych lat nie obchodzono tego postu, ale we wschodnich kościołach katolickich i prawosławnych dalej obchodzi się ten okres. Chociaż Kościół Rzymsko-katolicki wciąż zachowywał tzw. letnie *Suche Dni* i post w wigilię świętych Piotra i Pawła, nawet aż do XX w.

Wielki post w okresie średniowiecza: V w. – XIII w.

Zaczynające się podczas czasów apostołów, przez następne setki lat sposoby i rodzaje postów zmieniały się często. Św. Augustyn w IV w. powiedział, że „posty osobiste są naszym wyborem, jednak, jeżeli nie pościmy podczas Wielkiego Postu, ciężko grzeszymy". Podczas pontyfikatu papieża Grzegorza zw. Wielkiego na początku VII w., ustanowiono, że Popielec oficjalnie rozpoczyna Wielki Post. Tą środę nazwano „popielcową" dopiero w 1099 r., kiedy to papież Urban 2 nadał jej imię. Przed X wiekiem potocznie mówiono na tą środę pierwszy dzień postu[14].

[13] Papież Leo I z Rzymu, *Kazanie # 78:* Na temat postu Piotrowego (https://www.ccel.org/ccel/schaff/npnf212.ii.v.xli.html) Potwierdza istnienie postu Piotrowego z 461 r. AD.
[14] "*Chrześcijańskie święta i zwyczaje*" s 174

Odnosząc się specyficznie do Wielkiej Soboty, Kanon 89 ustalony podczas soboru w Trullo w 692 r. przypomina nam jak to wtedy było: „wierni, przeżywając Wielki Tydzień jako czas pokuty, postu, i modlitwy winni pościć aż do północy przedwieczora tej Wielkiej Niedzieli, ponieważ Ewangeliści Mateusz i Łukasz sami nam wspomnieli jak późno w nocy zmartwychwstał nasz Pan Jezus Chrystus. Całkowity post we Wielką Sobotę obchodzono w Kościele prze wiele wieków i dopiero podczas XX -ego w. odeszliśmy od tych tradycji.

Mamy dalsze dowody na to, że Wielki Post nie obchodzono jedynie na obszarze Rzymu, gdzie mieściło się serce Kościoła. W każdym zakątku ziemi wierni chrześcijanie pościli wraz ze swoimi księżmi, biskupami i wyższą hierarchią. W Anglii, król Kentu Erkenbert przyjął chrzest przez działalność misyjną św. Augustyna z Canterbury i od razu wprowadzono w Anglii obchody Wielkiego Postu. W średniowieczu, na obszar całej chrześcijańskiej Europy kościół nakazywał i cywilne, i kościelne prawa zmuszając wiernych do postu. Misjonarze roznosili zasady postu na cały świat.

Lekkie posiłki dozwolone w dzień postu

Zasady postu w Kościele zostawały bez zmiany przez setki lat. Obowiązywał post ilościowy, pozwalający jedynie 1 posiłek, który mógł być spożyty dopiero po zachodzie słońca i po towarzyszący mu modlitwie. Po północy obowiązywał dalszy post do następnego zachodu słońca.

Około VII - VIII wieku, czas codziennego posiłku został zmieniony na wcześniejszą godzinę. Tą godzinę dostosowano do modlitw kapłańskich. O trzeciej godzinie po południu (w Polsce „piętnasta), kapłani i mnisi modlą się godzinę zw. *Nona.* Ponieważ pierwszy posiłek przeniesiono na godzinę Nonę, pozwolono w dodatku jeden lekki posiłek. Ks. Franciszek Ksawery Weiser podsumowuje tą ogromną zmianę:

Dopiero w IX wieku wprowadzono jednak mniej surowe przepisy dotyczące postu. Stało się to w 817 r., kiedy mnichom z zakonu benedyktynów, którzy dużo pracowali na polach i w gospodarstwach rolnych, wieczorem pozwolono na mały napój z kęsem chleba...Kościół ostatecznie rozszerzył te nowe prawo także na świeckich, a pod koniec średniowiecza stały się one powszechną praktyką; każdy oprócz obiadu jadał główny posiłek w południe, a mały posiłek wieczorem[15].

Jak przestrzegano wstrzemięźliwość lub abstynencję podczas wielkiego postu?

W r. 604, w liście św. Augustyna z Kanterbury, papież św. Grzegorz Wielki ogłosił, że podczas dni postu, obowiązywać będzie wstrzemięźliwość od: „mięsa i wszystkiego co pochodzi od zwierząt; m.in. mleko, ser, jajka, itd.”[16]. Nigdy w dni postu nie jadło się mięsa; post, jak i abstynencja, zawsze były przestrzegane razem ze sobą.

---

[15] "*Chrześcijańskie święta i zwyczaje*" s 171
[16] "*Chrześcijańskie święta i zwyczaje*" s 170

Św. Tomasza z Akwinu pisał jak on sam i jak ogólnie obchodzono Wielki Post za jego czasu. Czytając jego wskazówki możemy dobrowolnie naśladować te zasady i sposoby postów w naszym życiu. Tak wyglądał Wielki Post:

- Od poniedziałku do soboty się pościło. Jeden pełny posiłek spożywano w trzecią godzinę popołudniu, a lekki posiłek spożywano w nocy, z wyjątkiem ścisłego postu
- Pokarmy mięsne i wywar z mięsa całkiem zabroniono.
- W niedziele się nie pościło, ale nadal obowiązywała wstrzemięźliwość.
- Zabroniono jakiegokolwiek jedzenia w Środę Popielcową i w Wielki Piątek.
- Podczas Wielkiego Tygodnia spożywano jedynie chleb, sól, wodę i wszelkie zioła.

We Wielkim Poście w ogóle nie spożywano *lacticinia* (łac, po polsku wywar z mięsa), m.in. masło, ser, i jajka. Właśnie z tych zwyczajów postnych wywodzi się tradycja jajeczek Wielkanocnych (w Polsce także mamy pisanki), i *tłusty wtorek* (dla Polaków tłusty czwartek), kiedy ostatecznie używane były resztki *lacticinia,* aby upiec naleśniki, placki, ciasta, i inne pieczywa. We wtorek przed Środą Popielcową obchodzony jest tzw. *Karnawał* (ang. Carnival, łac. Mardi Gras). Słowo *carnivale* pochodzi z dwóch łacińskich słów: *carne levare,* dosłownie „pożegnanie z mięsem".

W niektórych krajach Europy, gdzie nie możliwe były posty jakościowe (brak oleju. Np. Irlandia, Anglia, itd.), udzielono dyspensy. Zamiast postów, ludzie, którzy jedli wywar z mięsa mogli składać jałmużnę na kościoły lub dla biednych.

Papież Innocenty III, podczas pontyfikatu od 1198 r. – 1216 r., głosił naukę, która i do ludzi w XIII w., i do nas przemawia w sposób niekończący:

Za wasze modły, posty, jałmużny... na tych właśnie skrzydłach polecą nasze modlitwy i wołania. Polecą one płynnie i bez wysiłku do samego Boga, żeby on słuchał nas najbardziej w czasach potrzeby[17].

Dni Krzyżowe (łac. *dies rogationum*), in. zw. błagalne

W średniowieczu zapoczątkowano różne tradycje postów poza Wielkim Postem; m.in. Dni Krzyżowe, Dni Suche i post adwentowy (czasem zwany post Filipowy w prawosławnych i grekokatolickich kościołach).

W V w. Kościół wprowadził do kalendarza nabożeństwa zwane Dniami Krzyżowymi (*dies rogationes*), które określano jako *litania maior* (Litanią większą, in. wielką prośbą) przypadająca w dniu św. Marka Ewangelisty (25.04.) oraz *litaniae minores* (Litanie mniejsze) obchodzone przez trzy dni przed uroczystością Wniebowstąpienia Pańskiego, tj. w poniedziałek, wtorek i środę. W te dni podczas obchodów liturgicznych (procesja błagalna, nabożeństwo, Msza św. przebłagalna) modlono się w celu uproszenia błogosławieństwa Bożego dla urodzajów i odwrócenia klęsk żywiołowych[18]. W Ameryce i we wielu krajach anglojęzycznych i wschodnich, tradycje modłów i procesji w te dni totalnie zapomniano, z wyjątkiem tradycjonalnych księży i parafii. W Polsce, te tradycje są wciąż utrzymywane. O tym pisze Dr. Hab. Zdzisław Kupisiński w swym artykule[19].

---

[17] Cytat papieża Jana XXIII w *Paenitentiam Agere* wydane 07.01.1962

[18] W. ZALESKI, *Rok kościelny. Święta Pańskie, Matki Bożej, Apostołów, Świętych i Błogosławionych Polskich oraz dni okolicznościowe*, Wydawnictwo Salezjańskie, Warszawa 1989, s. 284; H. FROS, *Martyrologium, czyli wspomnienia świętych przypadających na poszczególne dni roku*, Wydawnictwo ATK, Warszawa 1984, s. 86; M. KOWALEWSKI, Mały *słownik teologiczny*, ks. św. Wojciecha, Poznań–Warszawa–Lublin 1960; Z. KUPISINSKI, *Zwyczaje, obrzędy i wierzenia od Adwentu do Wielkanocy na w regionie opoczyńskim*, t. I, Lublin 1994 (mps KUL), s. 360-361.

[19] Z. Kupisiński *Dni krzyżowe w polskiej religijności ludowej*; https://ojs.tnkul.pl/index.php/rt/article/view/9204/8895

O *Litaniae Maiores (*liczb mn.), słynny Dom Guéranger pisząc pod koniec XIX w., wspomina o zwyczaju abstynencji, (bez postu), podczas dnia Wielkiej prośby:

Tego dnia w Rzymie zawsze przestrzegano wstrzemięźliwość od mięsa; a kiedy Liturgia Rzymska została ustanowiona we Francji przez Pepina i Karola Wielkiego, odprawiano Wielką Litanię z 25 kwietnia, a wierni tego kraju naśladowali Rzym. Sobór w Aix-la-Chapelle w 836 r. dodatkowo wprowadził obowiązek odpoczynku od wszelakiej pracy w tym dniu: to samo rozporządzenie znajduje się w kapitularzach Karola Łysego. Jeśli chodzi o post ilościowy wydaje się, że nigdy nie był przestrzegany w tym dniu, nawet w Rzymie. Żyjący w IX wieku Amalarius potwierdza ten właśnie fakt.

Dom Guéranger dalej pisze na temat postów jakościowych i ilościowych podczas tzw. Litaniae Minores (liczb. mn.):

Te dni krzyżowe zwane mniejsze, obchodzono podobnie do Większej Litanii z 25 kwietnia. Różnią się tym, skąd pochodzą i kiedy zostały ustanowione. Było to w V w. w Galii i były ustanowione jako dni postu, i jakościowego, i ilościowego. W te dni, wierni odpoczywali od wszelkich prac fizycznych. Podczas procesji, wierni najczęściej brali udział boso i zgłodzeni. Wkrótce cały Kościół zachodni przyjął te zwyczaje; również w Anglii, jak i Hiszpani i w Niemczech. W VIII w. Rzym dodał te tradycje do obrządków kalendarzowego roku liturgicznego. Jednak Rzym nie przyjął tradycji postu ilościowego, ponieważ przyćmiewało to radość, która tak bardzo panowała w kościele po Zmartwychwstaniu. W te dni Rzym jedynie nakazał wstrzemięźliwość.

Nawet gdy post nie jest ustalony ani zmuszony na wiernych przez hierarchię w Rzymie, można zadośćuczynić zachowując go. Właśnie to podczas okresu Wielkanocnego Kościół pokazuje nam, jak ważna jest ofiara osobiste i ciągła pokuta.

Suche dni

Podobnie do Dni Krzyżowych, Suche Dni powstały we wczesnych latach chrześcijaństwa. W katolickiej encyklopedii pisze następująco:

Na początku, Kościół ustanowił trzy okresy postów: W czerwcu, wrześniu i grudniu. Konkretnie nie ustalano poszczególnych dni postu; wybierano je przez księży. „Liber Pontificalis", mówi, że to papież Kalikst I (217-222) ustanowił prawa postu, ale prawdopodobnie te prawa miały jeszcze starsze początki. Leo Wielki (440-461) uważa posty ustanowili sami apostołowie.

Do czasów papieża Grzegorza I, który umarł w 601 r. AD, w każdą porę roku, liturgicznie i postem obchodzono Suche Dni. Podczas soboru Rzymskiego w 1078 r, papież Grzegorz VII konkretnie ustanowił te dni na środę, piątek i sobotę po 13-ego grudnia (św. Łucja), po Popielcu, po niedzieli Zesłania Ducha Świętego, i po 14-ego września (Podwyższenie Krzyża Świętego)[20].

Duchowość suchych dni

Suche Dni ustalono po to, aby „podziękować Panu za wszelkie ziemskie dary, nauczyć umiaru w ich użytkach i wspomagać potrzebującym." Dlatego jest ich aż 12 (4 okresy) w roku liturgicznym, tyle samo, ile pór roku. Znaczenie i cel Suchych Dni w kalendarzu liturgicznym różnią się całkiem od celu Dni Krzyżowych, do których są najczęściej porównywane. W dodatku każda pora roku przynosi ze sobą swoją należytą intencję, różniącą się od innych abyśmy mogli podziękować

[20] Ojciec Christopher Smith, ksiądz z diecezji Charleston w południowej Karolinie, przygotował naprawdę piękny i doskonale ilustrowany przewodnik wyjaśniający zarówno Dni Krzyżowe, jak i Suche Dni z wieloma bardzo przydatnymi cytatami z różnych źródeł liturgicznych. https://acatholiclife.blogspot.com/2014/04/rogation-day-and-ember-day-manual.html

Panu miłosiernemu za owoce tej ziemi które on sam nam darował na nasz duchowy rozwój, poprzez sakramenty kościelne.

Suche Dni Adwentu (zima) zaczynają się po 13-ego grudnia: Kościół dziękuje za oliwki, przez które kościół wyrabia Krzyżmo używane do sakramentów bierzmowania i namaszczania chorych.

Suche Dni Wielkiego Postu (wiosna) zaczynają się tydzień po Popielcu: Kościół dziękuje za kwiaty i pszczółki, przez które kościół może wyrabiać świece do użytku liturgicznego, do Chrztu, i do ogólnych użytków kościoła.

Suche Dni po Zesłaniu Ducha św. (lato). Kościół dziękuje za zboże i chleb, z którego piecze hostie Eucharystyczne.

Suche Dni po Podwyższeniu Krzyża Świętego (jesień): Kościół dziękuje za winogrona z których robione jest wino, które podczas Mszy Św. staje się krwią Chrystusa.

Post adwentowy

Post adwentowy ustalono w 480 r. ale dopiero pod koniec VI w. wyglądał on podobnie, w zasadach i praktyce, do Wielkiego Postu. Kapłani otrzymali instrukcje od hierarchii, aby sprawować Msze św. wielkopostną w dniu św. Marcina i właśnie wtedy post adwentowy rozpowszechniono na cały Kościół jako część kalendarzu liturgicznego.

W VIII w., post adwentowy skrócono do 4 tygodni, jednak kościoły wschodnie utrzymały dłuższe obchody. W XII w., zamiast ogólnego postu, wierni zaczęli jedynie nie jeść mięsa, ale postu ilościowego nie zachowywali. W 1281 r. sobór w Salisbury potwierdził, że tylko mnisi mają obowiązek do postu, jednak papież Urban V w 1362 r. przywrócił wymagany post jakościowy podczas Adwentu[21] dla wszystkich członków papieskiego dworu. Przez najbliższe wieki, co raz mniej wiernych i hierarchii zachowywali post adwentowy.

Powinniśmy zachowywać tzw. *postu Filipowego*, który dalej utrzymują wschodnie kościoły. Ten okres zaczyna się w dzień po św. Marcina z Tours w dniu 11 listopada. Wschodnie kościoły rozpoczynają post Filipowy 27 listopada, według kalendarza gregoriańskiego dzień św. Filipa Apostoła.

Post w okresie renesansu: XIII – połowa XVIII w.

Przy końcu średniowiecza nastał czas Renesansu, podczas którego wiele chrześcijan straciło zapał do wiary i modlitwy. Nastał czasz ogromnego zamętu wokół Kościoła, m.in. bunt Protestancki (czasami zwany reformacją; tak naprawdę, nic nie zreformowano, tylko wprowadzono zamęt i herezje) rewolucja polityczno-religijna Lutera przeciwko Bogu i Kościołowi, przez którą stracono ogromną ilość dusz. Mimo tych burzliwych czasów, Kościół kontynuował swoje tradycyjne posty i dalej do nich zachęcał – nawet w dni bez obowiązkowe.

Papież Urban IV...oczekując od wiernych należytego podziękowania Bogu za otrzymane łaski i nieustanne dary, dozwolił w swej Konstytucji, aby wierni mogli otrzymać różne odpusty które w 1429 r. potwierdził papież Marcin V w swojej Konstytucji zwanej Ineffabile.

Po Marcinie, papież Eugeniusz IV w swej Konstytucji Excellentissimum napisanej 20 Maja, potwierdził te wszystkie odpusty ustanowione przed nim przez papieży Urbana i Marcina, i dodał następujące: „Odpust zupełny 200 dni w wigilie Bożego Ciała dla wszystkich wiernych, którzy po

[21] Dom Guéranger komentuje nt. historii Adwentu I różnych postów podczas jego okresu. https://archive.org/stream/liturgicalyear01gura#page/22/mode/2up

spowiedzi i pokucie jeszcze pościli, lub uzupełnili swój post innymi uczynkami nakazane im przez spowiednika.

Post w nowym świecie (zachodnia półkula, mianowicie Ameryka, Australia)[22]

W każdym kraju różniły się tradycje postów jakościowych i ilościowych. Nawet pomiędzy koloniami nowo odkrytego kontynentu różniły się tradycje.

Na przykład Katolicy na Florydzie i w Luizjanie pościli w następujące dni:

„Poszczono przez cały Post, w Suche Dni, w wigilie różnych świąt, m.in. Bożego Narodzenia, Matki Boskiej Gromnicznej, Zwiastowanie, Wniebowzięcie, Wszystkich Świętych i Wniebowstąpienia; w święta wszystkich apostołów z wyjątkiem św. Filipa, Jana, i Jakuba, narodziny Jana Chrzciciela, we wszystkie piątki (z wyjątkiem 12 dni po Bożym Narodzeniu i te dni pomiędzy Wielkanocą a Wniebowstąpieniem)".

Wstrzemięźliwość od mięsa zachowywali we:

Wszystkie niedziele Wielkiego Postu, wszystkie soboty w ciągu roku, poniedziałek i wtorek przed Wniebowstąpieniem oraz dzień św. Marka

W Teksasie, Arizonie, Nowym Meksyku i Kalifornii, kolonie hiszpańskie, pościli we:

Wszystkie dni Wielkiego Postu z wyjątkiem niedzieli; w wigilie świąt: Bożego Narodzenia, Zielonych Świątek, św. Macieja, św. Jana Chrzciciela, św. Piotra i Pawła, św. Jakuba, św.

---

[22] Niektóre historyczne fakty wzięto z książki poniżej https://www.google.com/books/edition/The_American_Catholic_Quarterly_Review/QI_NAAAAMAAJ?hl=en

Wawrzyńca, Wniebowzięcia NMP, św. Bartłomieja, św. Mateusza, św. Szymona i św. Judy, Wszystkich Świętych, św. Andrzeja i św. Tomasza

Ważne jest fakt, że w 1089 r. papież Urban II udzielił dyspensy od piątkowej abstynencji Hiszpanom jako wynagrodzenie za Krucjaty. Po bitwie pod Lepanto w 1571 r. papież św. Pius V rozszerzył tą dyspensę na każdą kolonię hiszpańską. Dyspensy tej nie odwołano aż do 1951 r., kiedy Archidiecezja Santa Fe jako ostatnie terytorium zachowujące tę przywilej, unieważniła go.

Różnica kanonicznie prawna istniała pomiędzy tubylcami Ameryki a Europejczykami. Bulla papieża Pawła III Altitudo Divini Concilii napisana w 1537 r. zmniejszyła ilość dni pokuty i uczestnictwie w Mszy św. dla tubylców z powodu fizycznie wyczerpującego życia i częstego postu tubylców ameryki. Jedyne dni postu wymagane dla tych ludzi były piątki podczas Postu, Wielką Sobotę i w Wigilię.

Zmiana zasad wielkiego postu

Przez setki lat, w cały Wielki Post jedzono raz na dzień, po zachodzie słońca. W IX w., dodano pozwolenia na lekki posiłek wieczorny. Ten 1 pełny posiłek przeniesiono na 3 godzinę. Do XIV w., posiłek do syta powolutku jedzono co raz wcześniej, a już po XV w. jedzono go najczęściej o samym południu. Zmiany te stały się regułą Kościoła. Mnisi, modląc się Nonę (popołudniową godzinę kapłańską) jedli pierwszy posiłek tuż po modlitwie. Dlatego po angielsku na 12 godzinę potocznie mówiono *noon*. Lekka wieczerza wciąż pozostała przy tych zmianach.

Protestancka niechęć do pokuty

W średniowieczu, posty jakościowe stały się prawem kanonicznym jak i cywilnym. Ludzie ze szczerością chowali te reguły, ponieważ Kościół troszczył się o ich dusze i zbawienie. Dopiero po rewolucji protestanckiej (ciężko to nazwać *reformą)* 1517 r., zmieniło się myślenie Katolików. To samo się działo w Anglii, gdzie ludzie poszli za zmianami Lutera i innych zwolenników różnych protestanckich religii. Król Henryk VIII, komu dano tytuł „Obrońca Wiary" przez papieża Leo X za obronę przed Marcinem Lutrem, w podobny sposób odstąpił od prawdy i wiary Kościoła, aby realizować swoje miłosne pożądania. Kościół stracił swoje posiadłości i terytorium w Anglii. Praktykowanie prawdziwego chrześcijaństwa zabroniono anglikom w 1559 r. przez Królowe Elżbietę I, i przez 232 lat, z wyjątkiem królestwa Jakuba I (1685-1688), Msza św. była całkiem zabroniona, do roku 1791. Niektórzy anglikanie utrzymywali tradycje postów jakościowych przez niewiele lat.

W Anglii podpierano tradycje postów jakościowych przez wiele lat, szczególnie 1563, 1619, 1625, 1627 i 1631 roku, i oczywiście w 1687 pod królem Jakubem II. W 1688 go zamordowano i ponownie zabroniono katolikom uczestniczyć w Liturgii (na rozkaz Williama III i Maryi II). Oficjalnie dopiero w 1863 r. wymazano postulaty głoszące wstrzemięźliwość od pokarmów mięsnych. Na całym obszaru Europy protestanci mocno potępiali post[23].

Reguły poszczenia ciągle się zmieniały, nawet w krajach historycznie katolickich. Zwyczaj postu w dni środy i piątku sięga aż do czasu apostołów. Na przykład wiemy, że w Irlandii dopiero w XVII wieku pozwolono wiernym jeść mięso w środy. O tej historii pisze ks. Slater w książce pt. „Krótka Historia Teologii Moralnej":

Już w X w. widzimy, że post w środy i piątki prawie totalnie zikną. Jednak władzy kościelne ustanowili Suche Dni, i

[23] Afera z kiełbasą w 1522 r. Zwingliego zapoczątkowała reformację w Zurychu, ponieważ fałszywie twierdził, że skoro sola scriptura jest jedynym autorytetem, kiełbasy powinny być spożywane publicznie w Wielkim Poście, jako bunt.

robiąc to skutecznie zamienili wszelkie sezonowe obrzędy pogańskie na chrześcijańskie. W X wieku post piątkowy zmieniono z postu ścisłego na post wyłącznie jakościowy, a post środowy najpierw zgładzono, a później całkowicie znikną.

Przykład św. Karola Boromeusza

Arcybiskup Karol Boromeusz (1538-1584) był wzorem nowego modelu biskupa czasów kontrreformacji i oczywiście zwolennikiem długich, surowych postów.

Mimo że o nich już się mało wspomina, D*ni Krzyżowe* obchodzono przez wieki jako obrzęd kościelny. Podobnie zapomniano o nich w diecezji mediolańskiej. Dopiero św. Karol przyczynił się do przywrócenia obrzędów związane z tymi dniami. Oficjalnie nigdy nie nakazano postów w te dni, ponieważ obchodzi się je w okresie Wielkanocnym, jednak w diecezji św. Karola Boromeusza post był nakazany.

Dom Guéranger w swoim słynnym *Roku Liturgicznym* tłumaczy nam jak można pokutować podczas Dni

Krzyżowych:

Św. Karol Boromeusz, który przywrócił obchody dni krzyżowych i prawidłowego postu, zdał sobie sprawę jak ważny jest post i pokuta podczas tych dni. Sam pokazywał nam, jak możemy wybłagać zachowanie od klęsk żywiołowych prze wygładzanie naszych ciał, a zaostrzenie naszej intelektualności. Pościł jedynie chlebem i wodą. Procesją musieli iść księża i wierni z całego miasta. Ta procesja rozpoczynała się posypaniem popiołem o wczesnej godzinie i dopiero kończyła się popołudniu. Zwiedzano 13 kościołów w poniedziałek, 9 we wtorek i 11 w środę, a w każdym kościele św. arcybiskup odprawiał Msze i głosił kazania.

Św. Karol nie tylko nakazywał obchody tych dni w mowie i w prawie, ale i też osobiście uczestniczył. Gdy władze miejskie i arystokracja uciekli podczas pandemii ospy w r. 1577, biskup pozostał i organizował pomoc dla dotkniętych głodem i zarazą, i nawet prowadził boso procesję pokutną ulicami miasta, po której epidemia wygasła[24]. Rozmyślając tego wielce pobożnego kapłana, możemy uświadomić jak prawdziwi pasterze kościoła winni reagować na zarazy i różne ziemskie tragedie, nie chowając się za ołtarzami w maseczkach, lecz wychodząc na świat, nosząc cierpienia samego Jezusa jako znak wiary i nadziei dla chorych. Do osiągnięcia takiego poziomu świętości mocno przyczynia się ścisły post.

Adwentowy post przez wieki stawał się coraz łatwiejszym, w formie środowej i piątkowej pokuty. Aby zmienić ten cykl i przywołać wiernych do mocniejszej pokuty, św. Karol mocno namawiał wiernych w diecezji mediolańskiej, aby pościli w

[24] *Życie św. Karola Boromeusza*, napisane przez Jana Piotra Giussano, zawiera dogłębne opisy jego heroicznego życia i przykładu pokuty, jaki osiągnął, nawet pośród niszczycielskiej zarazy. Odczytać można poniżej https://archive.org/details/lifestcharlesbo01giusgoog/page/n8/mode/2up

poniedziałki, środy, i piątki każdego tygodnia Adwentu[25]. W diecezji mediolańskiej wciąż praktykowany jest tzw. *ryt ambrozjański,* odmienny od rytu rzymskiego praktykowanym w całym Kościele zachodnim. Różni się m.in. kalendarzem liturgicznym. Adwent ambrozjański trwa sześć tygodni i zaczyna się w niedziele po św. Marcina z Tours, podobnie jak w dawnych tradycjach rytu rzymskiego.

Post w epoce nowożytności

Już w nowożytności, Kościół oficjalnie obchodził trzy okresy postu: Wielki Post, Suche Dni i wigilie niektórych świąt. A w piątki i w soboty przez cały rok nie spożywano pokarmów mięsnych, jak potwierdza Katechizm zw. *Douay.*

Następują zmiany wielkiego postu

Papież Benedykt XIV (1740-1758) wprowadził największe zmiany reguł postu, jakie Kościół kiedykolwiek widział w historii.

31-ego maja roku 1741, papież Benedykt wydał *Non Ambiginius*, list, który pozwolił na spożywanie pokarmów mięsnych w dniu postu, jednocześnie zabraniając posiłki, gdzie przy mięsie spożywano ryby lub owoce morza. Te zasady jakościowe implementowano po raz pierwszy w niedziele podczas Wielkiego Postu. *Częściowa abstynencja,* pojęcie, o którym oficjalnie nie słyszano do 1917 roku, zapoczątkował właśnie papież Benedykt.

Papież Benedykt, nawet po ustanowieniu tych nowych zasad, zachęcał wiernych do powrócenia do starych tradycji postu i modlitwy we Wielkim Poście:

---

[25] Świadczy o tym Dom Guéranger w Rok Liturgiczny: Adwent opublikowanym w 1910 przez Burns & Oates, s. 24 i Encyklopedii Katolickiej.

Wielki Post stanowi ogromną część Kościoła walczącego. Uczestnicząc w nim, mamy możliwość odrzucenia każdej wątpliwości, że przez nasze nieliczne grzechy, kiedykolwiek staliśmy się wrogami samego cierpienia i krzyża naszego Pana Jezusa. Uczestnicząc w poście, napełnieni zostajemy siłą do walki przeciwko księżami ciemności, ponieważ post stanowi obronę samego nieba. Odrzucając nasze obowiązki postne, odrzucamy i też samego Boga, stajemy się zawstydzeniem dla Kościoła i też grozimy innym wiernym duszom. Nie ma wątpliwości, że lekceważąc nasze pokuty i posty, staniemy się nieszczęściem na ziemi; i doprowadzimy do publicznej i prywatnej duchowej biedy.

Te zmiany nadal zostały wprowadzone w oficjalne nauczanie Kościoła w XVIII i XIX wiekach. Pisze o tym Antoin Villen w swojej „Historii Przykazań":

Spożywanie mięsa w niedziele Wielkiego Postu najpierw tolerowano, a później wyraźniej dozwolono. Starsi wspominali zakaz mięsnych pokarmów od Wielkiego Piątku do Wielkanocy. W następujących latach, wprowadzono dalsze dyspensy dozwalające mięsne pokarmy we wtorki i czwartki każdego tygodnia, aż do czwartku przed Niedzielą Palmową. Na sam początek pontyfikatu Piusa IX (1846), dodano jeszcze każdy poniedziałek, a za niedługo można było jeść mięso i wszelkie pokarmy aż do samej środy Wielkiego Tygodnia. Ostatnie obalono post jakościowy w soboty całego roku, jedynie pozostawiając Suche Dni i Wielką Sobotę.

Słabną posty jakościowe i ilościowe – XVIII w.

Zmiany do zasad postów nastąpiły we wczesnych latach Ameryki. W późnych latach XVIII w. w Ameryce obowiązywały następujące dni postu: Suche Dni, Wielki Post, środy i piątki Adwentu; w wigilie świąt: Narodzenia, Zesłania, św. Piotra i Pawła, Wszystkich Świętych. Wstrzemięźliwość zachowywano w piątki i soboty całego roku liturgicznego, z wyjątkiem jak spadały na te dni święta nakazane.

Trzeci sobór w Baltimore w r. 1837, ze wsparciem papieża Grzegorza XVI, zaczął zmniejszać ilość i surowość zasad postu. Sobór udzielił totalnej dyspensy od postu w środy adwentowe, z wyjątkiem Suchej środy.

W tym samym czasie całkowity post jakościowy dalej obowiązywał w soboty całego roku, jednak przez XIX w. zmieniono te zasady i udzielono ogólnej dyspensy od sobotniej abstynencji. Pisze o tym Mara Morrow, autor „Grzech Lat Sześćdziesiątych":

W 1840 r. czwarta rada prowincjalna Baltimore poprosiła o wieczyste odnawianie dyspensy od abstynencji w soboty, a dyspensę tą odnowiono na dwadzieścia lat za przyczyną papieża Grzegorza XVI. W 1866 r. druga rada poprosiła, aby wszystkie dyspensy udzielone diecezji Baltimore były udzielone także innym diecezją amerykańskim, ale papież Pius IX wolał słyszeć pojedyncze prośby każdego biskupa w Stanach. W 1884 r. biskupi zebrani na 3 radzie plenarnej uznali, że trudno będzie uchwalić jednolite ustawodawstwo dotyczące postów i wstrzemięźliwości i dlatego rady prowincjalne miały indywidualną możliwość decydowania. Leon XIII w 1886 r. nadał biskupom amerykańskim upoważnienie, aby mogli w każdym roku udzielać dyspensy od abstynencji w soboty.

Podobnie papież Grzegorz XVI w liście z czerwca 28, 1831 r. udzielił dyspensy od abstynencji w soboty wszystkim katolikom szkockim, z wyjątkiem sobót podczas których się miało pościć (ilościowo). Widzimy, że w każdym wieku co raz więcej słabła dyscyplina cielesna i duchowa pośród katolików, szczególnie we wschodnich krajach.

Wzrastała ilość imigrantów z Irlandii we wczesnym XIX w., i na to udzielono też dyspensy od abstynencji, ponieważ Irlandczycy obchodzili św. Patryka które często spadało w piątek.

Papież leo XIII dalej osłabia dyscyplinę postów pokutnych

Posty jakościowe, nawet w Kościele katolickim, obejmowały także wywary mięsne nie tylko same mięso. W 1886 roku Leo XIII pozwolił jeść wszelki wywar i także mięso w niedziele (liczb. mn.) Wielkiego Postu i także podczas głównego posiłku w tygodniu (we Wielkim Poście), z wyjątkiem środy i piątki. Dyspensa nie zwalniała z postu we Wielką Sobotę. Jedynie rano można było zjeść cząstkę chleba z kawą, herbatką lub mlekiem.

Wieczorny, lekki posiłek już omawiano, ponieważ dozwolono na niego już w XIV w. Dodatkowy ranny posiłek, po łacinie frustulum (kawałek), dopiero dopuszczano w XVIII w., kiedy ogólnie osłabiano surowość postu ilościowego. Uniwersytet Katolicki w Ameryce pisał w 1952 r., że „małe śniadanie było już dozwolone za czasów św. Alfonsa, kiedy ustanowiono ilość tego posiłku na 2 1/8 uncji (~ 60 gramów). Takie normy lekkiego posiłku ustalono i zachowywano zdecydowanie od tych czasów".

Mara Morrow w książce „Grzech lat Sześćdziesiątych" opisuje dalej zmiany postne papieża Leo XIII, pisząc:

„Wywar mięsny używany do lekkiego posiłku podczas Wielkiego Postu dozwolony był, kiedy wierni powstrzymywali się od mięsa przy głównym posiłkiem. Dalej pozwalano na: ranną cząsteczkę chleba razem z napojem (frustulum), możliwość głównego posiłku w południe lub wieczorem, i smalec lub inne sosy mięsne w gotowaniu"

Trzecia rada Baltimore w 1884 opublikowała instrukcję, w których pisano, że: „Dozwolony jest jedynie jeden główny posiłek w południe, a poza tym posiłkiem lekki posiłek, który waży nie więcej niż 8 uncji (~ 225 gramów), można spożyć wieczorem. Na dodatek, rano dozwolona jest cząsteczka chleba, maksymalnie 2 uncje (~ 60 gramów) z ciepłym napojem. Dzięki tym zmianom, wiele osób jest umożliwionych, a zatem zobowiązanych, do przestrzegania postu. Inaczej nie mogłyby zachowywać postów, z jednego czy drugiego powodu."

Katechizm ks. Patryka Powers'a w Irlandii z roku 1905 wspomina, że posty jakościowe zakazują nie tylko same mięso, ale każdy wywar z mięsa, bez wyjątku. Jednak w niektórych krajach dozwolona jest szklanka mleka przy lekkim posiłku. Stany Zjednoczony to właśnie jeden z tych krajów, jednak Irlandia nie.

W 1895 roku., przywilej pracownika w Stanach pozwolił na spożywanie mięsa, ale tylko w niektórych przypadkach. Mira Morrow tłumaczy jakie są te przypadki: „pracownicy wykonujący pracę fizyczną w ciężkich warunkach, m.in. imigranci z Irlandii często zmagali się z niedostatkiem pokarmowym i trudną pracą fizyczną, więc dlatego pozwolono im na jeden posiłek z mięsem (we Wielkim Poście); ale nie mógł to być posiłek włącznie z rybą. Wyjątki były piątki, środa popielcowa, cały Wielki Tydzień i Wigilia. Z tej dyspensy robotniczej mogła korzystać wraz z pracownikiem, cała jego rodzina.

Post słabnie w Rzymie

Dni postów także słabły w Rzymie, gdzie już w roku 1893 jedyne nakazane dni postu były dni Wielkiego Postu, Suche Dni i wigilie świąt: Ofiarowania, Pięćdziesiątnicy, św. Jana Chrzciciela, św. Piotra i Pawła, Wniebowzięcia NMP,

Wszystkich Świętych i Bożego Narodzenia[26]. Kilka lat później post został zniesiony nawet w wigilię Oczyszczenia i św. Jana Chrzciciela.

Dalsze zmiany w XIX w.

Encyklopedia Katolicka w XIX w. pisała, że „W Stanach przez wszystkie dni Wielkiego Postu; piątki Adwentu; Suche Dni; wigilie: Bożego Narodzenia, Zesłania, Wniebowzięcia i Wszystkich Świętych są teraz dniami postu. W Wielkiej Brytanii, Irlandii, Australii i Kanadzie wskazane dni, wraz ze środami Adwentu i wigilią świętych Piotra i Pawła, są dniami postu".

Kodeks prawa kanonicznego napisany w 1917 r. najczęściej wiąże się z utrzymywaniem tradycji liturgicznej, kościelnej i

[26] Jak podano w „Księga informacyjna o Rzymie i Kościele Katolickim", wydanym w 1897 r., dostępnym poniżej. https://books.google.com/books?id=6-RNAQAAMAAJ&dq

moralnej, chociaż zmieniono także zasady postu. W tym samym roku, kiedy Kościół zmniejszał wymagania, objawiła się Matka Boska w Fatimie prosząc ludzi o wrócenie do pokutowania i surowych postów. Wymagane dni postu w kodeksie z 1917 r. to wszystkie dni Wielkiego Postu, Suche Dni, wigilie świąt: Zesłania, Wniebowzięcia, Wszystkich Świętych i Bożego Narodzenia. Wymagana też w każde dni Postu, od poniedziałku do piątku, była częściowa abstynencja, podczas której można było spożyć mięso tylko raz przy głównym posiłku. Kompletny post jakościowy wymagany był w każdy piątek, z wyjątkiem sytuacji, kiedy kościelne święto nakazane miało miejsce we piątek. W każdą sobotę Postu też wymagano abstynencję od mięsa. Kodeks zatwierdził, że kiedy wigilia święta miała spaść w niedzielę, w ten rok omijano wszystkie posty w poprzedzającą ją sobotę.

Kodeks promulgowany w 1917 r. ustanowił, że żaden post nie obowiązał w środy i piątki Adwentu. W Ameryce, od środowego postu adwentowego uwolniono w 1837 r. Od 1917 r., piątki także dodano do tej reguły, nie tylko w Ameryce, ale na całym świecie. Z postu zwolniono w wigilie św. Piotra i Pawła. Pozwolono też spożywać wywar z mięsa, np. jajka i mleko (*lacticinia).*

Mara Morrow pisze o dalszych zmianach w Kodeksie: „w 1917 r. papież Benedykt XV zezwolił na to, aby kraje biorące udział w pierwszej wojnie mogły dokonać swoje sobotnie posty jakościowe w inny dzień tygodnia, oprócz piątku i Środy Popielcowej. W 1919 r. Kardynał Gibbons poprosił Rzym o dyspensę od sobotniej abstynencji dla każdej diecezji w Stanach i żeby ją przełożyć na środy. Ta dyspensa, wraz z przywilejem pracownika o której pisano wcześniej, często odnawiano biskupom amerykańskim do 1931 r., kiedy stolica Apostolska zdecydowała, aby te dyspensy tylko udzielać indywidualnym biskupom."

W 1931 r. abp. Biondi, delegat apostolski ds. Stanów Zjednoczonych skierował się do amerykańskich biskupów następującymi słowami: „Komisja rady biskupów w liście z 15 października, 1931 r. powiadomiła mnie, że ze względu na terminy i ilość cywilnych świąt, które często spadają w tradycyjne dni postu lub abstynencji, Jego Świątobliwość Pius XI, 5 października udzielił dyspensy Ordynariuszom na cały obszar Ameryki, *ad quinquennium* (do pięciu lat), od postów ilościowych i jakościowych w te dni, kiedy są święta cywilne.

Ograniczanie postu pod papieżem Piusem XII

Papież Pius XII też przyspieszał zmiany do ogólno-kościelnych zasad postów, jak relacjonuje Ks. Ruff; „W 1941 r. papież Pius XII pozwolił wszystkim biskupom, udzielić ogólnej dyspensy od postów z wyjątkiem środy Popielcowej i Wielkiego Piątku, tylko jeżeli nie jedzono mięsa w każdy piątek, ani w wigilie Wniebowzięcia i Bożego Narodzenia. Mleko i jajka dozwolone były przy śniadaniu, jak i kolacji”[27].

28-ego stycznia, 1949 r. biskupi amerykańscy ponownie zmodyfikowali zasady postów jakościowych. Częściowa abstynencja stała się normą w Suche środy, Suche soboty i w wigilię Zesłania.

Przed 1951, biskupi mieli pozwolenia, aby udzielać dyspensy pracownikom i ich rodzinom za przywilejem otrzymanym w roku 1895. Chociaż we wszystkie piątki, środę Popielcową, Wielki Tydzien i Wigilię, obowiązywał post ścisły. W 1951 r. prawa postu raz jeszcze zmieniono. Ks. Ruff pisze:

W 1951 roku biskupi amerykańscy ustanowili wszystkie przepisy wzywające do całkowitej abstynencji od mięsa w piątki, Środę Popielcową, wigilię Wniebowzięcia NMP i

[27] Cytat z artykułu "Opowieść Postu i Wstrzemięźliwości" link poniżej https://www.praytellblog.com/index.php/2018/02/21/fasting-and-abstinence-the-story/

Bożego Narodzenia oraz rano w Wielką Sobotę, dla wszystkich powyżej siódmego roku życia. W wigilie Zesłania i Wszystkich Świętych można było spożywać mięso tylko przy głównym posiłku. Wierni w wieku 21 do 59 lat, zmuszeni byli do postu w: każdy dzień Wielkiego Postu, z wyjątkiem niedzieli, Suche Dni, oraz wigilie Zesłania, Wniebowzięcia NMP, Wszystkich Świętych i Bożego Narodzenia. W te dni postu dozwolony był tylko jeden pełny posiłek, z dwoma innymi bezmięsnymi posiłkami, które razem nie stanowiły jednego pełnego posiłku. Jedzenie między posiłkami było zabronione, dozwolone było mleko i soki owocowe. Słabe zdrowie fizyczne zwalniało od postu.

Od 1951 r. w wigilie Wszystkich Świętych nie obowiązywała już całkowita abstynencja w Ameryce.

W 1954 r. papież Pius XII wydał specjalny list, pozwalający biskupom udzielać dyspensy od piątkowej wstrzemięźliwości w święto Józefa. W 1955 r. nagle zmieniono liturgię Kościoła rytu rzymskiego; były to największe zmiany Liturgii od ustanowienia Mszy Trydenckiej podczas soboru Trydenckiego. Wydalając list *Cum nostra hac aetate* 23 Marca, 1955 r., papież Pius XII zniósł aż 15 oktaw w roku liturgicznym. W tym zniesiono m.in. oktawy celebrujące nowe kościoły, oktawy dla patronów kościelnych, religijnych, krajowych, diecezjalnych, itd. Papież Pius XII obalił aż połowę celebracji wigilii świąt, co doprowadziło do obalenia liturgicznych obchodów wigilii: Niepokalanego Poczęcia, Objawienia Pańskiego, Wszystkich Świętych i Wszystkich Apostołów, z wyjątkiem św. Piotra i Pawła. Pozostało jedynie 7 liturgicznych obchodów wigilii w całym roku liturgicznym.

Nagłe zmiany liturgiczne, kanoniczne i prawne spowodowały ogromną dezorientację pośród biskupów amerykańskich. Nie wiedzieli, czy przez te obalenia liturgicznych celebracji, dalej obowiązywał post w różne wigilie, np. Wszystkich Świętych. Ponieważ ta rada, która zmieniła liturgiczne tradycje Kościoła w 1955 roku istniała wyłącznie ds. liturgicznych, nie mogli oni potwierdzić innych praw kanonicznych lub kościelnych. 31-ego października biskupi zdecydowali, aby totalnie obalić nakaz postu.

W 1956 po raz pierwszy raz w Wielką Sobotę nie obowiązywał całkowity post, jedynie częściowa abstynencja. Papież przedłużył post obowiązkowy do północy pomiędzy Wielką Sobotą a Wielkanocą. W niektórych miejscach dalej zachowywano tradycyjny koniec postu o godzinie 12 popołudniu. W 1957 r. papież Pius XII odstąpił od nakazów postu w wigilię Wniebowzięcia, a za to nakazał post w wigilię Niepokalanego Poczęcia.

Zmiany postu za papieża Jana XXIII

W 1958 roku zmarł papież Pius XII. Wybrano papieża Jana XXIII i pod jego pontyfikatem, jak i pod jego poprzednikiem, nastąpiły ogromne zmiany w regułach postu. Po pierwsze, zmienił posty w Wigilię na 23 grudnia. W Stanach, Anglii i Irlandii obchodzenie postów pozostało w Wigilię, jednak w Kanadzie i Filipinach zmieniono na 23-ego grudnia.

Do roku 1962, reguły postów ilościowych i jakościowych zmieniono na następujące, jak opisują Ks. Heribert Jone i Urban Adelman w książce: „Prawa i Reguły Stanów Zjednoczonych”*:*

Całkowitą abstynencję należy zachować we wszystkie piątki roku, Środę Popielcową, wigilie Niepokalanego Poczęcia i Bożego Narodzenia. Częściową abstynencję należy zachować w Suche środy i soboty, oraz w wigilię Zesłania. Obowiązkowe dni postu to wszystkie dni Wielkiego Postu, Suchych Dni i wigilia Zesłania”. Jeśli wigilia wypada w niedzielę, wszelkie posty zostają w ten dzień odwołane.[28]

[28] Tabelka porównująca regułki i tradycje Wielkopostne https://docs.google.com/spreadsheets/d/1RWE60sGl54WzC__cjwY-

Ks. Jone dodaje dalsze wymagania do Wigilijnego postu: „Ogólne reguły pozwalają, aby wierni, którzy poszczą zjedli posiłek podwójnie większy niż normalna, lekka kolacja (zw. *jejunium gaudiosum,* in. radosny post). Widzimy, że zmiany w normach postu nastąpiły dawno przed otwarciem soboru Watykańskiego II.

Indult na święto Indyka

Jak pisano wcześniej, dla Ameryki udzielano dyspensy od postów w niektóre piątki roku, kiedy akurat wypadały święta cywilne. Te dyspensy jednak były tylko *quinquenniali,* inaczej mówiąc pięcioletnie. W 1957 r. udzielono dyspensy na piątek po święcie indyka w Ameryce, ponieważ wtedy jedzono duże ilości mięsa. W 1962 odnowiono ponownie tą dyspensę, ale po 1967 roku jej nie odnowiono. W 1963 roku biskup Little Rock w Arkansas skorzystał z tych przywilejów i zwolnił wiernych z mięsa w piątek po Indyku:

„Przez mocy specjalnych uprawnień Jego Ekscelencja, najprzewielebniejszy biskup udziela niniejszym następujących dyspens: od postu w święto Józefa we wtorek 19 marca; od wstrzemięźliwości w piątek 29 listopada; (dzień po święcie Dziękczynienia) oraz od przepisów o poście i wstrzemięźliwości w sobotę 7 grudnia, w wigilię święta Niepokalanego Poczęcia".

Papież Pius XII nigdy nie udzielił ogólnej ani stałej dyspensy od abstynencji w piątek po Indyku.

YCRK8V1BWWM/edit?usp=sharing&ouid=103164196300211065701&rtpof=true&sd=true

Wielki Post
Porównanie Regułek Postnych
ND = Nie Dotyczycy

Wielko-Postne Regułki	**Nicejskie**	**Gregorjańskie**	**Średniowieczne**	**Przed-Trydenckie**	**Benedykt XIII**	**Benedykt XIV**	**Baltimore II**	**Leo XIII**	**Baltimore III**	**Kodeks 1917 r.**	**Stany 1962**
Wiek lub Rok	V	VII	XIII	XV	1724 - 1730	1740 - 1758	1866	1878 - 1903	1884	1917	1962
Śniadanie i Kolacja											
Kolacja	Nie	Nie	Regjonalne	Tak	Tak	Tak	Tak	Tak	Tak	Tak	Tak
Ilość Kolacji	ND	ND	470 mL - Napoju	~ 57 g	~ 227 g	~ 227 g	~ 227 g	~ 227 g	~ 227 g	~ 227 g	Mniej niż cały posiłek
Śniadanie	ND	ND	Nie	Nie	Nie	Nie	Nie	Nie	Tak	Tak	Tak
Wywary mięsne na Kolacje	ND	ND	ND	Nie	Nie	Regjonalne	Nie	Regjonalne	Tak	Tak	Tak
Gotowane ryby na Kolacje	ND	ND	ND	ND	ND	ND	Nie	ND	Tak	Tak	Tak
Frustulum (Przekąska)	ND	ND	ND	Nie	Nie	Nie	Nie	Tak	Tak	Tak	Tak
Jedzenie											
Pora Posiłku	Po Zachodzie	Po Zachodzie	3:00 PM (15:00)	12:00 PM	12:00 PM	12:00 PM	12:00 PM	12:00 PM	12:00 PM	ND	ND
Mięso	Nie	Nie	Nie	Nie	Nie	Regjonalne	Nie	Regjonalne	W niektóre dni tak	W niektóre dni tak	Prawie w każdy dzień
Ryby i Mięso przy posiłku	ND	ND	ND	ND	ND	Nie	Nie	Nie	Nie	Tak	Tak
Wywary mięsne	Nie	Nie	Nie	Nie	Nie	Regjonalne	Nie	Regjonalne	Tak	Tak	Tak
Ryby zwyczajne	Nie	Jedynie w potrzebie	Tak	Tak	Tak	Tak	Tak	Tak	Tak	Tak	Tak
Ryby wymyślne (np. owoce morza)	Nie	Nie	Tak	Tak	Tak	Tak	Tak	Tak	Tak	Tak	Tak
Kserofagia (Jedzenie suche, bez olejów)	Tak	Nie	Nie	Nie	Nie	Nie	Nie	Nie	Nie	Nie	Nie
Post 40 godzinnowy przed Wielkanocą	Tak	Nie	Nie	Nie	Nie	Nie	Nie	Nie	Nie	Nie	Nie
Niedzielna Wstrzemięźliwość	Tak	Tak	Tak	Tak	Tak	Regjonalne	Tak	Tak	Nie	Nie	Nie
Napoje											
Napoje (z wyjątkiem wody i wina)	Nie	Nie	Regjonalne	Tak	Tak	Tak	Tak	Tak	Tak	Tak	Tak
Wino	Nie	Tak	Tak	Tak	Tak	Tak	Tak	Tak	Tak	Tak	Tak
Woda poza Posiłkiem	Nie	Nie	Regjonalne	Tak	Tak	Tak	Tak	Tak	Tak	Tak	Tak

Zmiany postu po soborze watykańskim II

Wkrótce po zakończeniu Soboru Watykańskiego II, papież Paul VI napisał konstytucję apostolską nt. postów ilościowych i jakościowych, zw. *Paenitemini.* Wnioski tej konstytucji używano w ustanowieniu nowego kodeksu prawa kanonicznego w 1983 r. W nowym kodeksie, abstynencję przed mięsem dopiero początkowano przy 14 roku życia, zamiast po 7. W tej bodajże konstytucji, zmieniono piątkową abstynencją na „akt pokuty". Znaczy to, że jeżeli wierny chciał spożywać mięso w piątki, musiał w zamian za tą pokutę zadośćuczynić w inny sposób. Wywnioskujemy, że obowiązek co do piątkowej abstynencji zachowano, jednak wierni odrzucili ten nakaz i wprost powiedzieli, że wolą jeść mięso w piątki. Rzadko spotyka się ludzi, którzy czynią inny akt pokuty w zamian za nakazaną im wstrzemięźliwość. Post w Suche Dni i w wigilie największych świąt całkiem zniesiono.

Konferencja episkopatu Stanów Zjednoczonych w listopadzie 1966 r. zdecydowała na zniesienie piątkowej pokuty i postu, ale zakazała jeść mięso w Środę Popielcową, we wszystkie piątki Postu, i we Wielki Piątek. Niestety, konferencja jedynie „poleciła" dalszą piątkową wstrzemięźliwość, a tym wiernym, którzy jedli mięso w piątki nakazała, aby w zamian za post, uczestniczyli w chociaż jednym akcie pokuty. Biskupi także znieśli obowiązkowy post w każdy dzień Wielkiego Postu, jedynie jego „mocno zalecając".

W kodeksie prawnym 1983 wzięte prawie wszystkie zalecenia postne z konstytucji papieża Pawła VI, z wyjątkiem wieku osób zobowiązanych do postu. Zmieniono go na 18 lat (dawniej było to 21), aż do 59 roku życia. W kodeksie z 1983 r., jedyne dni w które obowiązkowy jest dzień całkowitego postu to Środa Popielcowa i Wielki Piątek. *Częściowa abstynencja,* którą wymyślił papież Benedykt XIV w 1741 r., całkiem odrzucono w tych nowych prawach, wraz z prawie każdym dniem postu[29]. Piątkowa pokuta nadal obowiązuje w każdy piątek, z wyjątkiem świąt.

[29] Poniżej znajduje się porównanie postów z roku 1917, 1955, i 1983: https://catholiccandle.neocities.org/faith/fast-abstinence-basics.html

Istnieją historyczne dowody, że nawet w nakazane, kościelne święta spadające w piątki podczas postu nadal zachowywany był post ścisły

Powyżej wspomnieliśmy, że Papież Pius XII w 1954 r. wydał dekret, w którym dozwolono biskupom, aby udzielać dyspensę od abstynencji w święto Józefa, które odbywało się w piątek. Ta dyspensa jedynie zwalniała wiernych od postów jakościowych, ale nie od postów ilościowych. Takie dyspensy rzadko udzielano, a kiedy były udzielane, Kościół wymagał o wiele więcej obowiązkowych dni postu dla swych wiernych więc miało to jakiś sens. Dla tych, którzy przestrzegają kodeks z 1917 r. i jego zalecenia, aby pościć przez całe 40 dni Wielkiego Postu, tak jak było przez wieki w Kościele, w dzień św. Józef wciąż obowiązuje ścisły post.

Jednak inspirowany modernizmem i słabościami liberalizmu kodeks prawny wydany przez Jana Pawła II w 1983 r. mówi, że:

Wstrzemięźliwość od spożywania mięsa lub innych pokarmów, zgodnie z zarządzeniem Konferencji Episkopatu, należy zachowywać we wszystkie piątki całego roku, chyba że w danym dniu przypada jakaś uroczystość. Natomiast wstrzemięźliwość i post obowiązują w Środę Popielcową oraz w piątek męki i śmierci Pana naszego Jezusa Chrystusa (Kanon 1251)

Nigdy w historii Kościoła było tak, że święto spadające w piątek zwalniało wiernych od postów ani od pokuty; jest to całkowicie paradoksalne. Wymysł ten wychodzi z modernistycznego kodeksu prawnego, a nie z żadnych długoletnich tradycji katolickich. „Przykładowo, nawet samo Boże Narodzenie nie zwolniłoby automatycznie z piątkowej abstynencji w Kościele średniowiecznym – wymagało to bezpośredniej dyspensy od papieża – jak pisze Dom Guéranger w roku liturgicznym (wydanym w 1886 r)":

Aby zachęcić swoje dzieci do radości Bożego Narodzenia, Kościół zrezygnował z prawa wstrzemięźliwości, jeśli to święto wypadało w piątek. Dyspensy tej udzielił papież Honoriusz III, który wstąpił na tron papieski w 1216 r. Jest to prawda, że Mikołaja I w IX wieku wspominał o tej dyspensie; ale ona nie była powszechna, ponieważ papież odpowiadał Bułgarom, którym udzielił tego odpustu, aby zachęcić ich do celebrowania tych świąt z radością: Bożego Narodzenia, św. Szczepana, św. Jana Ewangelisty, Objawienia Pańskiego, Wniebowzięcia NMP, św. Kiedy udzielono dyspensy na Boże Narodzenie dla całego Kościoła, tych świąt nie wymieniono.

Przed 1983 r., dyspensa musiała dojść od samego papieża, aby uwolnić od postów piątkowych w dni świąt. Przykłady tego są: dyspensa papieża Leo XIII w 1890 r. na święto Wniebowzięcia i dyspensa na Wszystkich Świętych w Kanadzie w 1907 r.

Katolicka encyklopedia nt. papieża Piusa X Supermi Disciplinae pisze, że posty w nakazane święta zostały obalone dopiero w 1911 r. „papież Pius X wydał motu proprio, gdzie potwierdził, że uczta i post są od siebie totalnie zróżnicowane i dlatego papież obalił posty obowiązkowe dla całego Kościoła, kiedy one spadają w święta nakazane". Jedynym wyjątkiem w tym przypadku zawsze był Wielki Post, i nawet po osłabiających postach w 1911 r., Wielkopostna abstynencja i post ilościowy został spisany jako obowiązek.

Obowiązkowa piątkowa abstynencja zostaje ustanowiona przez kodeks prawny 1983 r, ale katolicy ją ignorują

Kodeks prawa Kanonicznego 1983:

Rozdział II, DNI POKUTY

Kanon 1249 - Wszyscy wierni, każdy na swój sposób, obowiązani są na podstawie prawa Bożego czynić pokutę.

Żeby jednak wszyscy przez jakieś wspólne zachowanie pokuty złączyli się między sobą, zostają nakazane dni pokuty, w które wierni powinni modlić się w sposób szczególny, wykonywać uczynki pobożności i miłości, podejmować akty umartwienia siebie przez wierniejsze wypełnianie własnych obowiązków, zwłaszcza zaś zachowywać post i wstrzemięźliwość, zgodnie z postanowieniami zamieszczonych poniżej kanonów.

Kanon 1250 - W Kościele powszechnym dniami i okresami pokutnymi są poszczególne piątki całego roku i czas wielkiego postu.

Kanon 1251 - Wstrzemięźliwość od spożywania mięsa lub innych pokarmów, zgodnie z zarządzeniem Konferencji Episkopatu, należy zachowywać we wszystkie piątki całego roku, chyba że w danym dniu przypada jakaś uroczystość. Natomiast wstrzemięźliwość i post obowiązują w środę popielcową oraz w piątek Męki i Śmierci Pana naszego Jezusa Chrystusa.

Wierni Kościoła mają obowiązek do wstrzemięźliwości w piątki Postu, bez wyjątku, i również do wstrzemięźliwości w każdy piątek całego roku, chyba że konferencja biskupów pozwoli wiernym spełnić tą pokutę w inny sposób. Niektórzy katolicy szanuje tą tradycje, jedząc ryby i różne inne owoce morza w zamian za mięso. Ta tradycja abstynencji istnieje już wiele lat i podlega pod kodeksem prawnym napisanym w 1917 r., potwierdzając, że każdy wierny ma obowiązek postu w piątki. Cóż to za malutka ofiara w porównaniu do tej jedynej ofiary, którą nasz sam Pan Jezus Chrystus nam złożył? Jeżeli raz w tygodniu nie mamy siły, aby odmówić mięsa, czy naprawdę będziemy mogli zwalczać przyszłe ataki szatana, który „jako lew ryczący krąży szukając kogo by pożarł", pisze Piotr.

W Wielkim Poście nie ma wyjątków; nie można post piątkowy przerzucić na inny dzień tygodnia. Musi on być w piątek.

Ignorując prawa kanoniczne i kodeksu prawnego, śmiertelnie grzeszymy. To potwierdził papież Innocenty III w XIV w. i papież Aleksander VII w XVII w.

Wspólne dni pokuty

Utrzymując standardy i prawa kanoniczne tradycja kościelna mówi nam, że wspólne dni pokuty stanowią o wiele większą siłę niż prywatnie wykonane pokuty. W ostatnim wieku decyzje hierarchów, aby zmniejszyć ilość dni wspólnej pokuty są przerażające; im więcej, jeżeli spostrzegamy na to, co się na bieżąco dzieje w Kościele.

Dom Guéranger tłumaczy, jak oddalone łaskami są indywidualne dni pokuty w porównaniu do wspólnych, nakazanych dni:

Wcześniej pisaliśmy na temat prywatnej pokuty, która pozwala wiernym dążyć do świętości. Jednak te prywatnie wykonane pokuty i posty niestety nie posiadają tej samej łaski, ani skuteczności w porównaniu do ogólnie wykonanych postów nakazanych na cały Kościół walczący, ponieważ Kościół, jako Oblubienica Chrystusa na ziemi, może szczególnie wyprosić od Niego prośby i łaski przez te właśnie wykonane pokuty.

Gueranger dalej cytuje papieża św. Leo Wielkiego, pisząc:

„Pan Bóg ustanowił, że świętując Kościelnie ustanowione prawo otrzymujemy nieskończenie więcej łask, niż modlitwy i posty prywatne. Prywatnie poszcząc udowadniamy Bogu i sobie naszej powściągliwości, lecz o ile większe są te łaski, które przez ogólno – kościelny post otrzymujemy dla wszystkich wiernych bezpośrednio od Boga. Kiedy każdy chrześcijan pości i pokutuje wspólnie ze swymi braćmi, jest on w stanie otrzymać łaski i uświęcenia, które osobiście nie mógłby otrzymać.

Cóżeśmy stracili!

Nakazane dni postu w bieżącym kalendarzu liturgicznym pozostały niestety tylko dwa; Środa Popielcowa i Wielki Piątek. Gdzie się podział stały rytm życia katolickiego?

Nie ma takiego autorytetu ani hierarchii w Kościele, nawet sam papież, który ma prawo zmienić dogmę lub przykazania, które ustalono „niezmiennymi prawdami" Kościoła. Jednak zasady postu i pokuty nie podlegają pod tymi zasadami, ponieważ są to dyscypliny ulegające częstej zmianie przez prawowite władzy kościelne.

Sam Chrystus ustanowił Kościół i jej władztwo, aby różnymi prawami nakazywał wszelkie dobra; np. nakazane święta podczas roku liturgicznego, lub posty i pokuty w wigilie tych właśnie świąt. W mięsie nie znajdziemy nieczystości, niezależnie od tego co wpierają nam Żydzi lub Muzułmanie. W nieposłuszeństwie tkwi grzech, nie w mięsu. Ks. Muller mówi, że „to nie mięso, które kala człowieka; jednak nasza krnąbrność". Jedząc przypadkowo mięso w dni tego zakazane nie grzeszymy, ponieważ „Nie to, co wchodzi w usta, plami człowieka, ale co wychodzi z ust, to plami człowieka" (Mat. 15:11)[30].

Często cytowany arcybiskup Fulton J. Sheen słynnie powiedział, że „Kościół od wieków zabrania nagłych zmian liturgicznych lub obrzędowych, szczególnie kiedy ta modlitwa lub ceremonia przez wiele lat stanowiła ważną część ceremonialną". Przykładem tego jest odmawianie lub śpiewanie *Kyrie Eleison* (Panie, Zmiłuj Się) podczas Mszy Św., które w Trydenckim Rycie jest odmawiane po Grecku.

---

[30] *Nie to co wchodzi*; chodzi o nieczystość w mięsie, brudy, itd. One same nie mają wpływu na czystość serca i duszy; jednak tu chodzi o „to co wychodzi z ust", nieposłuszeństwo, podobne do nieposłuszeństwa Adamowego popełnionego przeciw samemu Bogu.

Jest to „pozostałością odmawianej pierwotnie obszernej Litanii, pochodzącej z języka greckiego, który był pierwotnym językiem liturgii rzymskiej”[31]. Porównywalnie, Kościół stosuje sposób spowolnionej zmiany, tak samo w zasadach postu jak i ilości nakazanych świąt kościelnych. Co do znaczenia tych zmian i dalsze ich skutki, cytujemy papieża Benedykta XVI:

„To, co poprzednie pokolenia uważały za święte, pozostaje święte i czcigodne również dla nas, i nie może być nagle całkowicie zakazane, ani uznane za szkodliwe. Wszyscy powinniśmy chronić bogactwa, które rozwinęły się w wierze i modlitwie Kościoła, i przyznać im należne miejsce...”

Ten cytat odnosi się specyficznie do Liturgii Kościoła, który ryt Trydencki tu broni właśnie sam papież. Ale jego mądrość można zastosować też i do reguł postnych. Surowość i częstotliwość dawnych zwyczajów postnych w żaden sposób nie może mieć negatywnych wpływów na naszą duchowość, wręcz przeciwnie: to post prowadzi nas co raz bliżej samego Chrystusa. Zapytajmy samych siebie i naszych rodaków, czy jednak nie za mało robimy, aby oddać Panu Bogu nasze posłuszeństwo w sposobie należytych postów.

Jak odzyskać duchowość katolicką?

Ponieważ kościół na daną chwilę nakazuje jedynie 2 dni postu, polecamy dodać następujące dni i reguły do swych osobistych postów. Na samy początek, dodajmy:

- Ścisły post w każdy dzień Wielkiego Postu; nie jemy mięsa ani wszelkich wywarów mięsnych (w tym wliczone; zupy gotowane na mięsie, mleko, jajka, skwarki, smalec…), jeden pełny posiłek i jeden lub dwa lekkie posiłki, pon.-sob.

---

[31] *Mszał Rzymski*, Przekł. Polski I Objaśnienia Opracowali O.O. Benedyktyni z Opactwa. Wydaw. Pallottinum. https://tedeum.pl/modlitewniki-i-mszaliki-mszalik-oprawa-zwykla,c126,p343,pl.html

- Post ilościowy lub jakościowy w każdy dzień Adwentu.

- Ścisły post w wigilie świąt kościelnych. Zacznijmy od świąt tradycjonalnie nakazanych przez Kościół: Objawienia, Bożego Ciała, Wniebowzięcia, Wszystkich Świętych i Niepokalanego Poczęcia.

- Ścisły post w Suche Dni (4 razy na rok x 3 dni = 12 dni). Później, dodajemy

- wigilie: św. Bożej Rodzicielki (1 Stycznia), Objawienia, Matki Boskiej Gromnicznej, św. Józefa, Wniebowstąpienie, św. Piotra i Pawła, Bożego Narodzenia.

- Dni Krzyżowe

- Post jakościowy we wszystkie soboty całego roku.

Dla Katolików związanych z tradycją lub próbujących zwiększyć pobożność i pokutę, polecamy następujące zasady **wielkopostne**:

- Nakaz postu rozpoczyna się dopiero od 18 lat i kończy się w wieku 59, ale młodszych i starszych w zdrowym stanie fizycznym zapraszamy na dodatkowe zadośćuczynienie.
- Ścisły post w Środę Popielcową i Wielki Piątek. Można jedynie pić czarną kawę, herbatę lub wodę. Można zjeść jeden główny posiłek, ale dodatkowe zadośćuczynienie otrzymujemy nie jedząc nic, pijąc tylko niektóre napoje.
- Pon-Sob. obowiązuje post ilościowy: jeden pełny posiłek, najlepiej po zachodzie słońca. Lekki posiłek albo rano, albo wieczorem z zależności, kiedy zjemy ten główny. Żadnych wywarów mięsnych: bez względu na wiek (nie jemy ryb ani owoców morza). Zabroniony olej oliwkowy.

- W niedziele się nie pości ilościowo, lecz wstrzemięźliwość obowiązuje. Wyjątki: W Niedziele: Laetare (łac. raduj się, IV niedziela Postu) i Palmową, i w święto Zwiastowania dozwolony jest olej oliwkowy i owoce morza, ryby.
- Wielki Tydzień (z wyjątkiem Wielkiego Piątku): Jemy tylko chleb, sól, i wszelkie zioła, lekkie posiłki omijamy, jeżeli jesteśmy w stanie tego zrobić.
- Wielka Sobota: Do południa bez jedzenia. Wstrzemięźliwość obowiązuje do skończenia Liturgii Wielkanocnej.

Odnajdźmy miłość do postu

Kościół przez ostatnie tysiąclecie całkowicie zmienił ilość i jakość nakazanych dni postu. W bieżącym roku liturgicznym, Kościół nakazuje jedynie 2 dni postu. Nie poszcząc te dni, grzeszymy śmiertelnie.
Pamiętajmy, że bóle i dyskomforty które przeżywamy podczas postów, szczególnie ścisłych, nie są w żaden sposób porównywalne do męki i cierpienia Jezusa, które to dla nas samych ofiarował. Pomimo naszej znikomości, Jezus czuje każde osobiste poświęcenie, jakie mu oddajemy. Nie licząc naszych dawnych grzechów, Pan Bóg nie liczy każdej ofiary, jednak one wszystkie powoli budują nasze schody do nieba. Przez post, wywalczamy specjalne łaski dla niewiernych i zmarłych w czyśćcu. Nie zapomnijmy o tym, kiedy nas kusi rosołek lub kawka z mleczkiem w te dni, kiedy najbardziej za nas cierpiał Jezus.

Historia postu eucharystycznego w kościele katolickim

Św. Augustyn potwierdza, że „Apostołowie, spożywając ciało i krew Pana Naszego, nie pościli"[32]. Jednak wkrótce po Jego zmartwychwstaniu Kościół zapoczątkował tą tradycję postu przed Eucharystią, a po kilku latach wpisano w prawo kościelne. Współczesnym katolikom post kojarzy się z wstrzemięźliwością od mięsa w piątki podczas Postu jak i odmawianie sobie smakołyków i dodatków. Jednak *post eucharystyczny* dzieli się od postu konsumpcyjnego swoją historią i przede wszystkim, swoim celem.

---

[32] Przetłumaczone przez J.G. Cunninghama. *Od ojców nicejskich i po nicejskich,* pierwsza seria, tom. 1. Pod redakcją Philipa Schaffa. (Buffalo, NY: Christian Literature Publishing Co., 1887.) Poprawione i zredagowane dla Nowego Adwentu przez Kevina Knighta. <http://www.newadvent.org/fathers/1102054.htm>.

Wczesny Kościół zachowywał ścisły post eucharystyczny

Łaciński teolog Tertulian (160-220 AD) pisze nt. *postu eucharystycznego*, opisując go jako post biorący miejsce od samej północy aż do spożycia Eucharystii. W II książce, V rozdziale pyta, czy „twój współmałżonek nie wie co spożywasz w tajemnicy, przed spożyciem jakiegokolwiek jedzenia”[33]? W tym samym czasie św. Hipolit (170-235 AD) w swojej *Tradycji Apostolskiej*, pisze „wierni powinni zwracać ostrożną uwagę na to, kiedy spożywają Eucharystie; aby to miało miejsce przed spożyciem jakiegokolwiek pokarmu”[34].

Św. Bazylii Wielki (329 – 379 AD) podobnie upomniał wiernych, którzy uczestniczyli w Eucharystii bez należytego postu (chociaż nie wspomina o północy jako godzinę ostatecznego posiłku):

„Nasz Pan przyjmuje czystych w samym prezbiterium, lecz ludzi pełen brudu i nieprawości nie przyjmuje. Jeżeli wnijdziecie do kościoła śmierdzący winem, czy zachowaliście należyty post? Nie odrzuceni byliście, ponieważ napiliście się wina, lecz ponieważ nie jesteście czyści po jego wypiciu”[35].

Wkrótce po czasach św. Bazylego otwarto sobór w Hippo w 393 r, gdzie wpisano w prawo kościelne *post eucharystyczny* jako post ścisły (zabronione wszelkie jedzenie i napoje, w tym wodę): „do sakramentu Eucharystii przystępują jedynie ci, którzy zachowali post całkowity”. Post ten skodyfikowano też w kanonie 41 podczas synodu w Kartaginie.

---

[33] Link poniżej https://www.tertullian.org/anf/anf04/anf04-13.htm#P886_213665.
[34] Św. Hipolit z Rzymu, *„Tradycja apostolska”*, rozdział 36. Dostęp za pośrednictwem https://web.archive.org/web/20020923091527/http://www.bombaxo.com/hippolytus.html
[35] Św. Bazyli Wielki, *Homilia De Jejunio* (Kazanie o postach) II, § 4, wyd. Gamo, Tom. II, str. 17

„Do sakramentu Eucharystii winni przystąpić jedynie ci wierni, którzy poszcząc przed jedzeniem należycie przygotowywali ciało do spożycia tego najświętszego Sakramentu. Jedyny wyjątek to Wielki Czwartek. Jeżeli chcecie uczcić zmarłych biskupów lub wiernych, a ksiądz zjadł już śniadanie, uczcić zmarłych można tylko innymi modłami"[36].

Poniżej cytujemy *Sumę* św. Tomasz z Akwinu, w której on sam cytuje św. Augustyna.

„Treść dekretu wychodzącego z synodu Kartagińskiego znajduje swoje uzasadnienie w zwyczaju obserwowanym przez niektórych wczesnych chrześcijan. Zwyczaj ten polegał na tym, że dla uprzytomnienia sobie Wieczerzy Pańskiej spożywali oni w tym dniu ciało Chrystusa nie będąc na czczo. Lecz teraz zwyczaj ten zarzucono, bo jak wspomina Augustyn „na całym świecie przyjęto zasadę spożywania Chrystusowego Ciała na czczo"[37].

Św. Augustyn także wspiera *post eucharystyczny* jako ekumenicznie akceptowaną regułę w kościele chrześcijańskim (na wschodzi i na zachodzie), pisząc w listach do Januarego:

„Podobało się Duchowi Świętemu, by ku uczczeniu tak wielkiego sakramentu Ciało Pańskie wstępujące do ust chrześcijanina miało pierwszeństwo przed innymi pokarmami"[38].

---

[36] Henry Robert Percival, *„Siedem soborów ekumenicznych niepodzielonego Kościoła: ich kanony i dekrety dogmatyczne wraz z kanonami wszystkich lokalnych synodów, które uzyskały ekumeniczną akceptację"* (Parker, 1900), s. 461.

[37] Św. Tomasz z Akwinu, *Suma Teologiczna,* III, Zagad. 80, artykuł 8. http://www.katedra.uksw.edu.pl/suma/suma_indeks.htm

[38] Św. Augustyn, *List 54 do Januarego z Benewentu*

Pisma św. Ambrożego i św. Jana Chryzostoma potwierdzają surowe zasady *postu eucharystycznego.* Broniący siebie od oskarżeń, że dał Eucharystię wiernemu który nie pościł, św. Jan Chryzostom pisze:

„Jeżeli jestem winien tego przestępstwa, niech moje imię zostanie wymazane z ksiąg wiernych tego Kościoła; ponieważ czyniąc to, sam Chrystus wypędzi mnie"[39].

Do czasów soboru w Trullo w 691 r., wyjątek Wielkiego Czwartku został już uchylony jako dekret wpisany w Kanonie 29:
„Kanon 29 synodu Kartagińskiego pisze, że 'sakramenty ołtarza celebrujemy tylko na czczo, z wyjątkiem dnia rocznicy Wieczerzy Pańskiej'. Nawet sami ojcowie Kościoła zachowywali te tradycje. Jednak ustanawiamy, że przerywając post w 5 tygodniu Wielkiego Postu, kiedy spada Wielki Czwartek, bezcześcimy ten Post. W tym momencie podlegamy pod tradycję apostolską".

Sobór w Trullo nigdy nie uważano jako sobór ekumeniczny. 2 prawa kanoniczne wychodzące z tego soboru, Kanon 13 i 55, zniosły niektóre tradycje związane z rzymskim (zachodnim) Kościołem, ale w 711 r. papież Konstantyn podpisał kompromis pomiędzy kościołami wschodnimi i zachodnimi, pozwalając na to, aby niektóre tradycje związane z postem różniły się w tych dwóch Kościołach. Później papież Adrian I napisał list w 785 r. zatwierdzając te prawa w Kościele. W pierwszym spisaniu prawa kanonicznego w XII w., zwanym *Dekretum*, właśnie widzimy te kanony, potwierdzając ich istotność.

Papież Mikołaj I w 850 r. także mocno potępił jedzenie przed Eucharystią. *Amerykański Przegląd Kościelny* piszę „św. Mikołaj również twierdził, że aby godnie czcić tak wielki

---

[39] Gerhard Rauschen, „*Eucharystia i pokuta w pierwszych sześciu wiekach Kościoła*" (B. Herder, 1913), s. 150.

sakrament, ciało Pańskie winno mieć pierwszeństwo przed innymi pokarmami, nie tylko we wielkie święta i podczas Wielkiego Post, ale przed każdą celebracją Eucharystii"[40]. Św. Tomasz dalej cytuje św. Augustyna:

„Pan nie dlatego dał uczniom Komunię św. po posiłku, by polecić gromadzenie się braci na przyjęcie tego sakramentu po śniadaniu lub po obiedzie, bądź też zachęcić do przyjmowania go w trakcie jedzenia, jak czynili ci, których apostoł gani i upomina. By uwydatnić wielkość tej tajemnicy, Zbawiciel chciał ją wrazić w pamięć i serca uczniów na ostatku. Decyzję co do sposobu przyjmowania komunii pozostawił Apostołom, przez których zamierzał zorganizować Kościół, więc nie polecił zachowywać takiej kolejności spożywania sakramentu na przyszłość"[41].

Post eucharystyczny we wschodnich kościołach

„Wschodnie kościoły zawsze nakazywały *post eucharystyczny* nawet po 1054. Te nakazy znaleźć można w tzw. *nomokanonach bizantyjskich*; inaczej zbiór praw kościelnych, które ukształtowały podstawę prawa kanonicznego w Kościołach prawosławnych. Nomokanony z 883 r. zawierały tekst z wcześniejszych synodów i soborów np. z Trullo i z soboru konstantynopolitańskiego, i również pisma ojców Kościoła. Nomokanony uzupełniały sam *Pedalion* – prawo kościołów wschodnich. Ten zbiór najpierw opublikowano w 1800 r. przez patriarchę Neofita VII.

Kanon 69 kościołów wschodnich zabrania nakazu postu na wiernych, którzy się zmagają z problemami zdrowotnymi. Kary za nieprzestrzeganie tych zasad kanonicznych zawsze były surowe: utrata stanu duchownego księdza lub

---

[40] Wielebny Herbert Thurston SJ, *„Amerykański Przegląd Kościelny"*, tom. 91 (Amerykański Uniwersytet Katolicki, wyd. 1934), s. 577.
[41] Św. Tomasz z Akwinu, *Suma Teologiczna,* III, Zagad. 80, artykuł 8, ad. 1. http://www.katedra.uksw.edu.pl/suma/suma_indeks.htm

ekskomunika świeckich. Św. Bazylii pisał w swoich kanonach, że „spowiednik lub duchowny zawsze jest w stanie zwiększyć lub zmniejszyć nakazy postu".

Prawo kościelne zw. *Pedalion* zostało ułożone przez św. Nikodema i mnicha Agaposa w XVIII w. Inaczej mówiąc, słowo *pedalion* to po polsku *ster*, który używa się do ukierunkowania i kontrolowania ruchu. W podobny sposób właśnie Kościół wschodni używa ten spis praw i dokumentów, aby kierować swych wiernych do prawowitych modlitw i życia ku Bogu. Na przykład widzimy w *Pedalionie*, który cytuje synod kartagiński, ustanawiający prawo, że ksiądz może tylko ofiarować sakrament Eucharystii w stanie postu":

„Kanon XLVIII kartagiński ustanowił, że ksiądz jedynie może ofiarować Msze św. należycie poszcząc. Bez względu na to prawo, człowiek w śmiertelnej sytuacji może przyjąć Komunie św., nawet jeżeli zjadł w ciągu ostatniej godziny, potwierdza kanon IX Nicefora. Św. Jan Chryzostomie zarzucono, że dał komunie wiernym, którzy niedawno przed jej spożyciem zjedli pełen posiłek. Bronił się przed biskupem Kyriakosem, mówiąc: 'jeżeli jestem winien tego przestępstwa, niech moje imię zostanie wymazane z ksiąg wiernych tego Kościoła. Jednak, jeżeli wielu będzie zarzucało to wobec mnie, niechajże spojrzą na św. Pawła, który tuż po kolacji ochrzcił całą rodzinę. Niechajże też spojrzą na samego Chrystusa, który uczniom swym ofiarował swoje ciało po spożyciu kolacji.' Widzimy, że prawo to nakazuje, aby przed komunią wierni mogą jeść i pić aż do północy dnia przedniego, a już po północy nie wolno niczego spożywać, aż po Komunii"[42].

Kiedy św. Nikodemus i Agapios spisywali Pedalion w XVIII w., chcieli pokazać wiernym jak można dążyć do prawowitego

---

[42] *Pedalion*. Przetłumaczony na język angielski przez Denvera Cummingsa, 1957. Zredagowane z tłumaczeniem i innymi poprawkami autorstwa Ralpha J Masterjohna. (Prawosławne Chrześcijańskie Towarzystwo Edukacyjne, 2005), s. 711.

życia chrześcijańskiego inspirowane prawami i kanonami danymi im przez Apostołów i Ojców Kościoła. Post ustanowiony w prawie kanonicznym służy, aby potwierdzić, że wiara chrześcijańska to jest złączenie prawowitego postępowania (liturgicznego jak i życiowego, etycznie i moralnie), i poprawnej wiary. Poszcząc cieleśnie przybliżamy ciało do duszy. Nasza dusza jest ukierunkowana w stronę Boga i ona za Jezusem woła nieustannie. Komunia służy jako pokarm duchowy. Poszcząc od codziennych pokarmów przybliżamy ciało do duszy, które według filozofii chrześcijańskiej i greckiej powinna zawsze panować nad żądzami ciała. Poszcząc w jakikolwiek sposób, przybliżamy się do samego Chrystusa.

Hipokrates słynnie powiedział, że jesteśmy tym co spożywamy. W innym sensie, nakarmieni jesteśmy komunią, która nas karmi nie tylko fizycznie, ale z którą razem się łączymy. Takie spojrzenie na Eucharystie i jej przyjęcie wciąż istnieje w kościołach wschodnich, które to samo wierzą o Niej, co my. I pamiętajmy, że w tradycji bizantyjskiej utrzymano północny *post eucharystyczny* aż do XX w. Być może powinniśmy od nowa rozmyślać swoje przekonania duchowe o tym Najświętszym Sakramencie.

Okres średniowiecza i post eucharystyczny

Podczas średniowiecza, Kościół rzymsko-katolicki zachowywał tradycje postu kompletnego (nawet od wody) przed Eucharystią. O poście, który obowiązywał od północy aż do samego przyjęcia Eucharystii, świadczy sam św. Tomasz w *Sumie*:

„Powiedzenie, że ten sakrament ma znaleźć się w ustach chrześcijanina przed innym pokarmem, nie ma być rozumiane absolutnie, w znaczeniu czasu w ogóle. Gdyby dotyczyło czasu w ogóle, to kto raz się posilił i napił, nie mógłby potem nigdy przyjąć sakramentu Eucharystii. Należy je przeto odnieść do

poszczególnych dni. Początek dnia bywa oznaczany przez ludzi różnie: niektórzy bowiem rozpoczynają dzień w południe, inni - o zachodzie słońca, jeszcze inni - o północy, a są i tacy, co zaczynają dzień o wschodzie słońca. Kościół jednak - za rzymianami - rozpoczyna dzień o północy. Toteż człowiek, który się posili spożywając pokarm lub napój po północy, nie może tego samego dnia przystąpić do Komunii św., natomiast może ją przyjąć, jeśli się posili przed północą"[43].

Św. Tomasz dodaje, że zabronione przed Eucharystią były nawet leki i sama woda naturalna:

„Istnieje - jak wiemy - dwojaki post. Po pierwsze: post naturalny, który polega na powstrzymaniu się od wszelkich pokarmów i płynów. Tego rodzaju post jest wymagany przy sakramencie Eucharystii z powodów wyżej przytoczonych. Toteż po wypiciu wody lub jakiegokolwiek płynu, po spożyciu pokarmu lub zażyciu leku chociażby nawet w nikłej ilości, nie godzi się przyjmować komunii św"[44].

Jak wcześniej mówiono, wyjątek na Wielki Czwartek został dawno uchylony, jak potwierdza sobór w Konstancji (1414 – 1418 r.):

„...ten sobór ustala tu i dzisiaj; pomimo tego, że Chrystus w Wielki Czwartek ustanowił sakrament Eucharystii i udzielił go uczniom (nie poszczącym) pod postacią chleba i wina; hierarchia Kościoła ze względu na tradycje apostolską utrzymuje, że wierni nie powinni przyjmować Komunii, jeżeli przed nią nie pościli, wyłącznie z wyjątkiem sytuacji śmiertelnych, lub choroby i inne wyjątki przytoczone przez same władzy kościelne"[45].

---

[43] Św. Tomasz z Akwinu, *Suma Teologiczna,* III, zagad. 80, artykuł 8, ad. 5. http://www.katedra.uksw.edu.pl/suma/suma_indeks.htm

[44] Tamże

[45] Denzinger, 626, cytowane z *„Katolicki dogmat I jego autorytet*" (Preserving Christian Publications, 2020), s. 211

Sobór trydencki zatwierdza post eucharystyczny od północy

Katechizm rzymski (in. zw. Katechizm Soboru Trydenckiego) ogłosił papież Pius V w 1566 r. na życzenie Soboru Trydenckiego. W tym katechizmie widzimy zatwierdzenie całkowitego postu przed spożyciem Komunii św.: „I nie godzi się tego Sakramentu sprawować, albo przyjmować, najadłszy się i napiwszy; dlatego, iż ten święty zwyczaj od Apostołów się zaczął, jak dawni Ojcowie pamiątkę tego zostawili, i był ustawicznie trzymany i zachowany, aby na czczo tylko przyjmowany był"[46].

Podobnie do sposobu naturalnie rozwijającej się Liturgii Kościoła, Kościół zmieniał też zasady *postu eucharystycznego,* uchylając różne wyjątki przy tym poście. Nawet po ustanowieniu zasad, przypadkowe spożycie jedzenia lub picia przed Komunią św. nigdy nie uważano za grzechem śmiertelnym. Chorzy korzystają ze specjalnych ulg w *poście eucharystycznym.* Mogą przyjmować przed Komunią świętą płyny i lekarstwa, jeżeli zachowanie postu sprawia im trudność[47].

Kodeks prawa kanonicznego z r. 1917

Do przełomu XIX i XX wieku, *post eucharystyczny* nadal obowiązywał wiernych Kościoła. Encyklopedia Katolicka pisze wyraźnie:

„Aby przyjąć sakrament Komunii św. z szacunkiem, ciało i dusza winny być należycie przygotowane. Jeżeli chodzi o ciało: Zachowujemy kompletny post eucharystyczny od

---

[46] Przekł ks. Józef Krukowski, *Katechizm rzymski wg. Uchwały św. Soboru Trydenckiego*, Roz. IV, s 191, https://polona.pl/item/katechizm-rzymski-wg-uchwaly-sw-soboru-trydenckiego,OTI4ODgzODg/194/#item

[47] *Mszał Rzymski*, Przekł. polski I Objaśnienia Opracowali O.O. Benedyktyni z Opactwa. Wydaw. Pallottinum. https://tedeum.pl/modlitewniki-i-mszaliki-mszalik-oprawa-zwykla,c126,p343,pl.html

północy. Wyjątki tej zasady to Wiatyk i Komunia rozdawana chorym. Podchodząc do Komunii wierni winni być prawidłowo ubrani i wolni od śmiertelnych grzechów cielesnych. Jeżeli chodzi o stan duszy: 'chociaż wypada, aby często i codziennie komunikujący byli wolni od grzechów powszednich, przynajmniej całkiem dobrowolnych, i od przywiązania do nich, to jednak wystarcza, aby nie mieli na sumieniu grzechu ciężkiego i postanowili, że nigdy takiego grzechu nie popełnią'[48]*. Pisze o tym św. Paweł w liście do Koryntian (1 Kor. 11:27-29). Oczywiście obowiązuję też stan wolny od jakiejkolwiek kary kościelnej lub ekskomuniki"*[49].

Tradycyjnie, *post eucharystyczny* zachowywano nie jedząc i nie pijąc nawet wody naturalnej. Prawnie wpisano ten post w Kodeks Prawa Kanonicznego z roku 1917, w kanonie 858. Post ten obowiązywał równie księży, jak i wiernych.

„Poste eucharystyczny obowiązuję wszystkich, przygotowujących się do ofiarowania lub przyjmowania sakramentu Eucharystii, z wyjątkiem sytuacji śmiertelnej lub w sytuacji, kiedy grozi świętokradztwo wobec Eucharystii"[50].

Czcigodny ks. Dominik Prummer w swojej książce *Teologia Moralna* komentuje nt. tego prawa:

„Post eucharystyczny to post od wszystkich pokarmów i napojów od północy aż do przyjęcia Eucharystii. To prawo, wpisane wiele razy w różne kodeksy i spisy prawne Kościoła, obowiązuje wszystkich wiernych i księży przed przyjęciem i ofiarowaniem Eucharystii. 3 warunki stanowią przerwanie

---

[48] *Mszał Rzymski*, Przekł. polski I Objaśnienia Opracowali O.O. Benedyktyni z Opactwa. Wydaw. Pallottinum. https://tedeum.pl/modlitewniki-i-mszaliki-mszalik-oprawa-zwykla,c126,p343,pl.html

[49] Patrick Morrisroe. *"Komunia Święta." Encyklopedia katolicka*. Tom. 7. (Robert Appleton Company, 1910), dostęp przez http://www.newadvent.org/cathen/07402a.htm. Przetł. M. Plewy

[50] Stanisław Woywod, *"Nowe Prawo Kanoniczne: Komentarz I Podsumowanie Nowego Prawa Kanonicznego"* (Joseph F Wagner, 1918), s 172, przetł. M. Plewy

postu. Po pierwsze, jedzenie spożyte musi być strawne; więc kości, paznokcie lub włosy nie przerywają postu. Po drugie, połknięcie krwi lub śliny nie przerywa postu. Po trzecie, jedzenie lub picie musi być wzięte kompletnie z zewnętrza ciała, aby stanowiło ono przerwanie postu. Trochę wody zmieszane ze śliną przy myciu zębów lub przy wdychaniu pary albo dymu tytoniowego nie przerywa postu. Wstrzykiwanie wszelkich substancji także nie przerywa postu"[51].

Jak ustalić godzinę północną? O tym też pisze ks. Prümmer:

„W zależności do zwyczajów lub praw miejskich, początek dnia (północ) ustala się albo przestrzegając cywilne prawa, albo z pomocą słońca i księżyca"[52].

O sześciu wyjątkach od *postu eucharystycznego* pisze ks. Prümmer;

1) W sytuacji, gdzie Msze świętą rozpoczął ksiądz, ale z jakiegoś powodu nie mógł jej dokończyć (liczy się to od momentu konsekracji Hostii), w takiej sytuacji inny ksiądz, nawet jeżeli zjadł lub wypił, może dokończyć ofiarę.
2) Kiedy grozi świętokradztwo wobec Eucharystii,
3) Kiedy grozi publiczna afera (np. ksiądz nie ofiaruję Mszy św., i wierni widząc to straciliby wiarę),
4) w sytuacji podawania Wiatyku,
5) Kiedy chora osoba, leżąca w łóżku przez dłuższy czas nie widząc bliskiego polepszenia zdrowia fizycznego, spożyła leki lub jedzenie w formie płynnej lub wstrzykiwanej. Komunie chorym w tej sytuacji można udzielić 2 razy w tygodniu.
6) W sytuacji ochrzczenia katechumenów, aby po spożyciu soli podczas chrztu, mogli przyjąć Eucharystie"[53].

---

[51] Czc. Dominik M. Prümmer, OP "*Teologia Moralna*" (The Mercier Press, Limited, 1949), s 270 – 271, przetł. M. Plewy
[52] Tamże.
[53] Tamże.

Prawo *postu eucharystycznego* obowiązało wszystkich chrześcijan, ale nawet do roku 1917 widzimy, że Kościół często dozwalał na przyjęcie Eucharystii w różnych wyjątkach, kiedy wierny nie był w stanie utrzymać tego postu. Najczęściej używanym wyjątkiem było udzielanie Wiatyku. Widzimy, że przez wieki, Kościół nakazywał ścisły *post eucharystyczny*, nawet przed pontyfikatem papieża Piusa XII. Czytając te ścisłe reguły otrzymania Eucharystii, możemy się przestraszyć możliwością takiej sytuacji, że podchodziliśmy do Komunii bez należytego przygotowania. Jednak Kościół, roztropnie rozważając każdą ludzką sytuacje i wyjątek, pomaga wiernym przyzwoicie przystąpić do najbliższej Komunii przez sakrament pojednania i prawidłową pokutę.

Nowe pytania powstawały do każdej sytuacji, nawet w 1946 r., kiedy ks. Windfrid Herbst musiał wytłumaczyć jakie są zasady do przyjęcia Eucharystii podczas Pasterki (Mszy o Północy):

„Nie ma specjalnego, specyficznego prawa do sprawy przyjęcia Komunii św. podczas Pasterki. Nawet, gdyby wierni zechcieli spożyć posiłek tuż przed północą, teoretycznie mogliby dalej przystąpić do Komunii św. nie ponosząc jakiegokolwiek grzechu. Jednak, aby pokazać szczery szacunek dla Eucharystii, post eucharystyczne przed pasterką zachowywać powinniśmy od godziny 20"[54].

Dlaczego godzina 20? Tłumaczy ks. Herbst.

„od godziny 20, ponieważ od początku ustanowienia prawa do Pasterki w słynnej europejskiej świątyni, dozwolono wiernym, aby przyjąć Komunie; ale tylko jeżeli zachowali post eucharystyczny od godziny 20. To Kościół ustanowił wiele lat temu"[55].

---

[54] Czc. Windfrid Herbst, "*Odpowiedzi na pytania Katolików*," (1946), s 82, przetł. M Plewy
[55] Tamże.

Zmiany prawne do tradycyjnego postu eucharystycznego w XX wieku

Papież Pius XII, zanim zatwierdził zmiany do *postu eucharystycznego* odniósł się do św. Augustyna i do synodu w Hipponie (wcześniej też cytowaliśmy Augustyna nt. postu), pisząc w swojej konstytucji apostolskiej, *Christus Dominus* (Chrystus Pan):

„Albowiem już od najdawniejszych czasów był w Kościele zwyczaj udzielania Eucharystii tym, którzy zachowali post. Pod koniec wieku czwartego na różnych soborach wydawano nakazy zachowania postu tym, którzy mieli składać Ofiarę Eucharystyczna. I tak w r. 393 Synod w Hipponie ustanowił, że: 'Sakrament Ołtarza ma być sprawowany tylko przez tych, którzy zachowali post'. Wkrótce po synodzie, bo już w r. 397, tymi samymi niemal słowami ustanowiono prawo to na soborze w Kartaginie. Na początku V w. zwyczaj zachowania postu Eucharystycznego staje się prawie całkowicie powszechnym i można go nazwać 'zwyczajem wszechczasów'. Dlatego też św. Augustyn głosi: 'Eucharystię świętą przyjmuje się zawsze na czczo i taki zwyczaj zachowany jest na całym świecie'.

...Powinniśmy się powstrzymać od jedzenia i picia, w ten sposób okazując cześć jaką mamy dla majestatu Jezusa Chrystusa w chwili, gdy Go przyjmujemy pod zasłoną Eucharystyczną. Gdy spożywamy Najdroższe Ciało i Krew Jego wpierw nim przyjmiemy jakiś inny pokarm, okazujemy przez to dobitnie, że Eucharystia to nasz pierwszy i najważniejszy pokarm, pokarm ożywiający duszę naszą i pomnażający w nas świętość. Słusznie więc św. Augustyn głosi: 'podobało się Duchowi Świętemu, by na wyrażenie czci dla tak wzniosłego Sakramentu najpierw do ust chrześcijan wchodziło Ciało Pańskie, wpierw przed innym pokarmem'.

Post eucharystyczny służy nie tylko do okazania należnej czci Boskiemu Zbawicielowi, ale przyczynia się także do rozwoju pobożności, może powiększyć także owoce świętości, do których zdobywania przy pomocy łaski Bożej nas tak bardzo zachęca sam Chrystus, źródło świętości i jej twórca"[56].

Wpisane w prawo razem z konstytucją *Christus Dominus*, papież Pius XII ustanowił, że „woda naturalna nie przerywa *postu eucharystycznego* ani dla wiernych, ani dla ofiarujących Msze św.". W r. 1957 papież Pius XII wydał następne motu proprio *Sacram Communionem*, która złagodziła zasady *postu eucharystycznego*. Ustanowiono, że zasady postu przed Eucharystią obowiązuję tylko 3 godziny przed przyjęciem Eucharystii (wliczone w te nowe reguły były napoje z alkoholem i jedzenie). Na wodę naturalną pozwolono nawet do samej Komunii, a napoje bezalkoholowe dozwolono aż do 1 godziny przed Komunią.

Papież Pius XII, wpisując te zmiany prawne w kanon kościoła, zachęcał wiernych i kapłanów do zachowywania dawnych postów, które historycznie sięgały do czasów po-apostolskich:

„Zachęcamy kapłanów i wiernych, którzy to mogą uczynić, by zachowywali starą i czcigodną formę postu eucharystycznego przed Mszą lub Komunią św. Wszyscy wreszcie, którzy będą korzystać z tych uprawnień, za otrzymane dobrodziejstwo, stosownie do swych możliwości, niech starają się wynagrodzić wzorowym życiem chrześcijańskim, szczególnie pokutą i uczynkami miłości (caritatis operibus)"[57].

---

[56] Papież Pius XII, *Christus Dominus: Konstytucja Apostolska w sprawie Postu Eucharystycznego,* 1953, https://opoka.org.pl/biblioteka/W/WP/pius_xii/konstytucje/christus_dominus_06011953.html

[57] Papież Pius XII, *Sacram Communionem*, https://www.researchgate.net/publication/324447624_Motu_proprio_Indulty_uzupelniajace_Konstytucje_apostolska_Christus_Dominus, przetł. Ks. Tadeusz Szwagrzyk

„Trzeba, aby wszyscy wierni uświadomili sobie, że ich najwyższym obowiązkiem i największym zaszczytem jest branie udziału of Ofierze Eucharystycznej, i to w sposób gorliwy i czynny, by łączyli się jak najściślej z najwyższym kapłanem według słów Apostoła: 'to w sobie czujcie, co i w Jezusie Chrystusie', abyście wraz z Nim i przez Niego składali ofiarę i wraz z Nim siebie ofiarowali"[58].

Jednak wierni w większości zapomnieli o tych postach. Nawet wspólnoty monastyczne mieszkające w klasztorach zaakceptowali minimalne reguły Kościoła, zapominając kompletnie o tradycjach, które sięgają do czasów apostolskich. W najnowszym kodeksie prawa kanonicznego z roku 1983 ustalone są kolejne złagodzenia do obowiązującego czasu *postu eucharystycznego.*

„Kan. 919 - § 1. Przystępujący do Najświętszej Eucharystii powinien przynajmniej na godzinę przed przyjęciem Komunii świętej powstrzymać się od jakiegokolwiek pokarmu i napoju, z wyjątkiem tylko wody i lekarstwa. § 2. Kapłan, który tego samego dnia sprawuje dwa lub trzy razy Najświętszą Eucharystię może przed drugim lub trzecim sprawowaniem coś spożyć, chociażby nie zachodziła przerwa jednej godziny. § 3. Osoby w podeszłym wieku lub złożone jakąś chorobą, jak również ci, którzy się nimi opiekują, mogą przyjąć Najświętszą Eucharystię, chociażby coś spożyli w ciągu godziny poprzedzającej"[59].

Po zmianach papieża Piusa XII, Kościół zapomniał prawie całkiem o tradycyjnym *poście eucharystycznym,* ponieważ nakazana była tylko jedna godzina przed Eucharystią. Ustanowienie tych nowych praw w Kościele nie było wcale

---

[58] *Mszał Rzymski*, Przekł. polski I Objaśnienia Opracowali O.O. Benedyktyni z Opactwa. Wydaw. Pallottinum. https://tedeum.pl/modlitewniki-i-mszaliki-mszalik-oprawa-zwykla,c126,p343,pl.html

[59] *Kodeks Prawa Kanonicznego 1983,* https://www.katolicki.net/ftp/kodeks_prawa_kanonicznego.pdf, tłumacz. Nieznany.

trzymanie tradycji ojców ani świętych. Widzimy dowody na to w tradycjach ustalonych przez synody np. Kartagiński i Trydencki, jak i w przykładach św. Fruktoza który zachowując post nakazany, nie pił nawet wody naturalnej aż do śmierci.

Gdyby nakaz prawny do *postu eucharystycznego* był oparty na prawie Bożym, sam papież nie mógłby tego prawa zmienić. Niestety *post eucharystyczny* nigdy nie podpierany był takim prawem, jak potwierdza ogromny teolog i znawca prawa kościelnego jezuita ks. Franciszek Suárez (1548 – 1617), który pisze: „jesteśmy pewni jednego; przykazanie ustanawiające *post eucharystyczny* nie jest nakazane w sposób *jure divino (zgodne z prawem Boskim)*. Prawo to różni się od praw lub kanonów kościelnych tym, że nie można jego w żadnym wypadku zmienić. Niemnie jednak, nie znajdujemy odpowiedzi na pytanie; mając to prawo, ale nie udowodniając godziwej przyczyny do jego zmienienia, dlaczego Kościół przyczynił się takim radykalnym zmianom do postu, który tak bardzo oparty był na tradycji Kościoła?

Rozpowszechnienie prawa dopuszczającego do sprawowania Mszy Św. wieczornych na zawsze zmienia zasady postu eucharystycznego

Większość wiernych w Kościele współczesnym nie wie o tym, że czas dnia, kiedy można sprawować Msze św. jest ustalane przez wszelkie prawa kościelne. W kodeksie prawa kanonicznego z roku 1917 wpisany jest kanon 821: „Msza św. nie powinna zaczynać się wcześniej jak godzina przed wschodem słońca ani później niż jedna godzina po południu". Prawo to oparte było na tradycji samych apostołów, którzy przeważnie celebrowali Msze św. z samego rana. Wspomina o tym Tertulian, tuż przed śmiercią w 220 r., „Przed rozpoczęciem dnia bierzemy udział w sakramencie Eucharystii który sam nasz Pan Jezus kazał ofiarować w czasie posiłków"[60]. Ewentualnie Kościół ustanowił tą zasadę jako prawo, i przez następne 15 wieków Kościół w podobnym czasie ofiarował Msze św.

Ks. Shawn Tunink w swojej pracy doktorskiej podsumowuje temat wieczornych Mszy świętych.:

„Pierwszą Mszę celebrowano na wieczór w czwartek Wielkiego Tygodnia. Jednak wkrótce apostołowie ustanowili, że Mszę św. ofiaruje się, aby godnie uczcić ofiarę i zmartwychwstanie naszego Pana, a nie aby łączyć się fizycznie i czasowo z ostatnią wieczerzą. Przede wszystkim, apostołowie i wczesny Kościół zmienił główny czas ofiarowania Mszy na Niedzielę. Jednak przed rokiem 1566, kiedy po raz pierwszy spisał zasady czasu odprawiania Mszy świętych papież Pius V, nie znaleziono ograniczeń ani praw ustanawiające specyficznego czasu. Do roku 1917, prawo dozwalało na codzienne odprawianie Mszy św., jednak tylko w godzinach rannych. Te uprzedzenie Kościoła do rannych Mszy świętych opierało się nie na tradycji praw kościelnych, lecz na połączeniu tej ofiary Eucharystycznej do rannych objawień Chrystusa i dzień Jego zmartwychwstania"[61].

Jedynie od tych praw wyjątkiem różniła się Pasterka o północy. W Kanonie 821 §2 z r. 1917, prawo to wspomina ten wyjątek, który otrzymuje Pasterka: „w Nocy Bożego Narodzenia, jedynie Pasterkę można rozpocząć i północy, inaczej trzeba upominać się o indult apostolski". Podczas drugiej Wojny Światowej, kolejne wyjątki wprowadzono w krajach, gdzie panowała wojna:

„W 1941 r. biskupi niemieccy dostali apostolskie pozwolenie, aby ofiarować Msze święte wtedy, kiedy wzrastało

[60] Tertulian, tłumaczenie S. Therwalla, od *Ojcowie przed-Nicejscy, III* http://www.newadvent.org/fathers/0304.htm.

[61] Czc. Shawn Turnick, *Rozwój historyczny Mszy Wieczornych i Dni Nakazanych* (Katolicki Uniwersytet w Ameryce, 2016). https://archive.ccwatershed.org/media/pdfs/17/11/25/19-25-37_0.pdf.

zapotrzebowanie, nawet wieczorem w dni tygodnia. Amerykańscy księża otrzymali specjalne pozwolenia, aby ofiarować Mszy święte do godziny 19:30 w każdy dzień, bez wyjątku.

W latach po wojnie biskupi i prałaci krajów wojennych szukali pozwolenia od stolicy apostolskiej, aby dalej ofiarować Mszy święte o późniejszych godzinach. Właśnie to przez te wzrastające wymagania, papież Pius XII postanowił zmienić *post eucharystyczne* i inne prawa kościelne związane z godzinami Mszy św. Dopiero w 60 latach biskupi zaczęli upominać się o pozwolenie, aby wierni uczestniczący w sobotniej Mszy św. prawowicie wypełniali swój niedzielny obowiązek. W roku 1964 stolica apostolska potwierdziła, że w niedziele obowiązywał nadal dzień odpoczynku. Jednak przez nowe prawo, ustanawiające, że sobotnie Msze św. liczą się jako niedzielne, wierni szybko zapomnieli o tym Bożym Przykazaniu. Indulty te obowiązywały aż do 1983, kiedy ustanowiono nowy kodeks prawa. Kanon 931 pisze: „Eucharystię można sprawować i jej udzielać w każdym dniu i o każdej godzinie, z wyjątkiem przypadków wykluczonych przepisami liturgicznymi". Kan. 1248 - § 1. „Nakazowi uczestniczenia we Mszy świętej czyni zadość ten, kto bierze w niej udział, gdziekolwiek jest odprawiana w obrządku katolickim, bądź w sam dzień świąteczny, bądź też wieczorem dnia poprzedzającego"[62]. Biorąc udział w wieczornych Mszach świętych, wiernym o wiele trudniej jest zachować północny *post eucharystyczny.*

Przyczyną zmian do reguł *postu eucharystycznego* była Piusa XII chęć do rozpowszechnienia wieczornych Mszy świętych. Podczas czasów ogromnego rozwoju gospodarczego, papież i biskupi zrozumieli, że wierni zaczynają i kończą prace w różnych godzinach dnia, i z tego powodu potrzebne są

---

[62] *Kodeks Prawa Kanonicznego 1983,* https://www.katolicki.net/ftp/kodeks_prawa_kanonicznego.pdf, tłumacz. Nieznany.

dodatkowe Mszy święte. W praktyce, te dodatkowe Msze pozwoliły na to, żeby współczesny Katolik lekceważył trzecie przykazanie Dekalogu, chodząc na tą Msze, która jemu pasuje zamiast utrzymywać niedzielę jako dzień święty bez względu na wymagania i ustawy cywilne.

Wieczorne Msze święte często ofiarowane były we wczesnym Kościele, pomiędzy III – X wieku. Podczas Wielkiego Postu i Adwentu wczesny Kościół ofiarował tygodniową Msze świętą wieczorną, co wskazało na to, że wierni musieli pościć od północy aż do momentu Komunii, nawet bez kropli wody. Był to niesamowity akt pokutny, który rzadko się spotyka wpośród współczesnych katolików.

Powrót do tradycji

Post Eucharystyczny ustanowiony jest przez Kościół po to, aby wierni byli świadomi tego wyjątkowego aktu, które jest przyjęcie Komunii św. Dobrowolne i świadome przerwanie *postu eucharystycznego*, nawet złagodzonych zasad związane z współczesnym postem, to grzech śmiertelny. Jako katolicy powinniśmy dążyć do tradycyjnego zachowywania postów – w tym *postu eucharystycznego* - szczególnie w tych czasach, kiedy tak mało ludzi należycie pokutuje. Sam papież Pius XII, wpisując ogromne zmiany do *postu eucharystycznego*, mówił: „zachęcamy kapłanów i wiernych, którzy to mogą uczynić, by zachowywali starą i czcigodną formę *postu eucharystycznego* przed Komunią św. Wszyscy wreszcie, którzy będą korzystać z tych uprawnień, za otrzymane dobrodziejstwo, stosownie do swych możliwości, niech starają się wynagrodzić wzorowym życiem chrześcijańskim, szczególnie pokutą i uczynkami miłości *(caritatis operibus).*"[63]

[63] Papież Pius XII, *Sacram Communionem*, https://www.researchgate.net/publication/324447624_Motu_proprio_Indulty_uzupelniajace_Konstytucje_apostolska_Christus_Dominus, przetł. Ks. Tadeusz Szwagrzyk

Wspólnota św. Mikołaja

Wspólnota św. Mikołaja została założona za pośrednictwem blog'u *A Catholic Life*, z pomocą stron Katolickich *OnePeterFive i Sensus Fidelium.* Ta wspólnota ma za misje praktykowanie prawdziwego życia katolickiego przez współprace katolików na całym świecie.

Pod wstawiennictwem św. Mikołaja, wspólnota ma zamiar służyć katolikom tradycjonalnym jako sposób, przez który mogą czynić pokute wspólnie ze sobą, łączeni szczególnie przez Internet lub po prostu duchowo. Wspólnota zamierza pokutować za wszelkie grzechy księży i ludzi świeckich, i również za nawrócenie pogan i innych niewierzących, a także o powrót prawdziwie katolickiej społeczności i zwycięstwo Katolicyzmu w każdej duszy, w każdym domu, i każdym kraju.

Św. Mikołaja najbardziej znano za swoje niekończące się miłosierdzie i obfitość. Jednak mało kto wie o tym, jak surowo i często pościł św. Mikołaj, ciągle szukając nowe sposoby pokuty. Rzymski Brewiarz wspomina post św. Mikołaja podczas modlitw *Jutrzni.*

Urodził on się w miasteczku zwanym Patara w Lycii. Tradycji wspomina, że od kiedy karmiła go matka piersią, nigdy nie ssał w środy i piątki, jedynie dopiero po zachodzie słońca, a w inne dni bezpostne karmił się swobodnie. Był to ogromny znak tego, jak surowo i często będzie zachowywał wszelkie posty podczas życia dorosłego i tym bardziej, kapłańskiego.

Kierując się historią i zasadami tradycyjnych postów i dni wstrzemięźliwości, chcemy dążyć do świętości przez te właśnie posty i pokuty. Św. Leo Wielki sam mówił, że:

wzrastająca powściągliwość w naszym życiu przeważnie okazuje się jako wielka cnota życia chrześcijańskiego. Zachowując nakazane posty i odmawiając sobie jedzenia i innych smakołyków, jednoczymy się z innymi chrześcijanami i jako jeden Kościół, zbieramy łaski od Boga za siebie, jak i innych grzeszników i ludzi daleko od wiary. Lud Boży stanowi największą siłę, kiedy jednak razem zachowuje post od jedzenia i picia. Stosując prawa postne, Kościół, szczególnie w tej sytuacji, której odnajduje się, wywalcza ogromne łaski od Boga.

Zasady postne wspólnoty św. Mikołaja

Każdy członek tej wspólnoty zgadza się do zasad zapisane w poziomie 1, które są poza tymi minimalnymi nakazanymi nam przez kościół. Każdy członek ma możliwość, aby prywatnie podlegać pod zasadami w poziomach 2 i 3.

Poziom 1

Poziom ten był ustanowiony na podstawie prawa kanonicznego z roku 1917.

Wstrzemięźliwość (post jakościowy)

- Zakaz spożywania mięsa w każdy piątek roku całego roku, bez wyjątku.[64]
- Zakaz spożywania mięsa przez cały Wielki Post (od Popielca do Wielkiej Soboty, w tym wliczone są niedziele).
- Zakaz spożywania mięsa w Suche Dni, wigilie św. Piotra i Pawła (28 czerwca), wigilie Wniebowzięcia (14 sierpnia), wigilie Wszystkich Świętych (31 października), wigilie Bożego Narodzenia (25 grudnia), wigilie Zesłania, i 22 stycznia, (narodowy dzień pokuty o walkę za Ludzkie Życie w Ameryce).
- Zakaz słodyczy podczas Wielkiego Postu (np. torty, ciasta, kremówki, drożdżówki, czekoladki, ciasteczka, pączki, lody, budynie, galaretki, Nutelle/Kinder Bueno, itd).

Post ilościowy

- Tradycyjnie, „post" zachowano wtedy, kiedy spożyło się jeden jedyny posiłek, przeważnie po- południu, najlepiej po 15:00 lub po zachodzie słońca. W niektórych sytuacjach pozwolono na małe śniadanko lub kawałeczek chleba przy kawie/herbacie.
- Post ilościowy zachowujemy przez cały Wielki Post (z wyjątkiem niedziel), w Suche Dni, wigilie św.

[64] Można za to jeść ryby, różne owoce morza, np. krewetki, homar, itd.

Piotra i Pawła (28 czerwca), wigilie Wniebowzięcia (14 sierpnia), wigilie Wszystkich Świętych (31 października), wigilie Bożego Narodzenia (25 grudnia), wigilie Zesłania, i 22 stycznia, (narodowy dzień pokuty o walkę za Ludzkie Życie w Ameryce).

Poziom 2

Wstrzemięźliwość

- Wliczone w ten poziom są wszystkie zasady powyższe, jaki i następujące:
- Zakaz spożywania mięsa w każdą sobotę roku, z wyjątkiem świąt pierwszej klasy lub dawnych świąt nakazanych przez kościół.
- Wstrzemięźliwość zachowujemy przez cały okres Wielkiego Postu (wliczone w tym są niedziele), w tym wliczona wstrzemięźliwość od wszelkich wywarów mięsnych (mleko, masło, ser), jajka jak i od wszelkich ryb i owoców morza. Zachowujemy wegański post, nie wegetariański.
- Wstrzemięźliwość w dni Krzyżowe.
- Zakaz spożywania mięsa podczas Postu Filipowego, in. zw. Post św. Marcina (od 12 Listopada aż do Bożego Narodzenia), z wyjątkiem niedziel, święta Niepokalanego Poczęcia, i dnia Dziękczynienia (w Ameryce).

Post ilościowy

- Wszystko powyżej wliczone, z dodatkiem każdego dnia Postu św. Marcina (z wyjątkiem niedziel), to są dni postu jakościowego.

W tym poziomie, każdy dzień postu, który przypada w niedziele, zachowujemy w sobotę przededniu tej niedzieli.

Poziom 3

Wstrzemięźliwość

- Wliczone w ten poziom są wszystkie zasady powyższe, jaki i następujące:
- Zakaz spożywania mięsa w: wigilie Oczyszczenia N.M.P (in. zw. Matki Boskiej Gromnicznej) 1 Lutego, wigilie Bożego Ciała, wigilie św. Laurenta (9 sierpnia), wigilie św. Bartłomieja (23 sierpnia), wigilie św. Szymona i Judy (27 października), i podczas całego postu apostolskiego (z wyjątkiem niedziel) i postu Wniebowzięcia (z wyjątkiem niedziel).

Post ilościowy

- Wszystko powyżej wliczone, z dodatkiem postu w następujące dni: post apostolski w czerwcu (z wyjątkiem niedziel), post Wniebowzięcia (z wyjątkiem niedziel), wigilie św. Bartłomieja (23 sierpnia) i w wigilie św. Szymona i Judy (27 października).

W tym poziomie, jak i w tych powyżej omówionych, każdy dzień postu, który przypada w niedziele, zachowujemy w sobotę przededniu tej niedzieli.

Jak dołączyć do wspólnoty

Każdy ochrzczony Katolik jest w stanie dołączyć do wspólnoty św. Mikołaja, zachowując zasady Poziomu 1ego, który stanowi podstawę członkostwa. Zaangażowanie w tej wspólnocie jest wyborem każdego członka i stanowi ono dobrowolny udział w dodatkowej pokucie. Złamanie zasad lub indywidualnego dnia postu nie jest uważane jako grzech, nawet najmniejszy. Zapraszamy na grupę na aplikację *Telegram:* https://t.me/+aXEK-WgNzL42NmJh. Na stronie https://onepeterfive.com/fast znajdziecie kalendarze postu i wszystkie zasady wymienione powyżej.

Suscipe, Sancta Trinitas

www.ingramcontent.com/pod-product-compliance
Lightning Source LLC
LaVergne TN
LVHW050609100826
845148LV00015B/3192

* 9 7 9 8 9 8 7 7 6 0 7 1 0 *